MENSAGENS CELESTIAIS DE MASAHARU TANIGUCHI

COLEÇÃO MENSAGENS ESPIRITUAIS DE RYUHO OKAWA

MENSAGENS CELESTIAIS DE MASAHARU TANIGUCHI

Editora
Cultrix
SÃO PAULO

Título original: Spiritual Message of Masaharu Taniguchi.
Copyright © 2002 Ryuho Okawa.
Tradução © 2002 Happy Science 2009.
Publicado originalmente como Taniguchi Masaharu-no-Reigen 1,
por IRH Press Co. Ltd. em 2002.
Todos os direitos reservados. Nenhuma parte deste livro pode ser reproduzida ou usada de qualquer forma ou por qualquer meio, eletrônico ou mecânico, inclusive fotocópias, gravações ou sistema de armazenamento em banco de dados, sem permissão por escrito, exceto nos casos de trechos curtos citados em resenhas críticas ou artigos de revistas.

A Editora Pensamento-Cultrix Ltda. não se responsabiliza por eventuais mudanças ocorridas nos endereços convencionais ou eletrônicos citados neste livro.

Dados Internacionais de Catalogação na Publicação (CIP)
(Câmara Brasileira do Livro, SP, Brasil)

Okawa, Ryuho

Mensagens celestiais de Masaharu Taniguchi / Ryuho Okawa ; [tradução Happy Science]. — São Paulo : Cultrix, 2009.

Título original: Spiritual message of Masaharu Taniguchi
ISBN 978-85-316-1044-8
1. Espiritualidade 2. Mensagens 3. Seicho-No-Ie 4. Taniguchi, Masaharu, 1893-1985 I. Título.

09-04125   CDD-291.4

Índices para catálogo sistemático:
1. Taniguchi, Masaharu : Ensinamentos : Mensagens :
Espiritualidade : Religião 291.4

O primeiro número à esquerda indica a edição, ou reedição, desta obra. A primeira dezena à direita indica o ano em que esta edição, ou reedição, foi publicada.

Edição   Ano

1-2-3-4-5-6-7-8-9-10-11   09-10-11-12-13-14-15-16-17

Direitos de tradução para a língua portuguesa
adquiridos com exclusividade pela
EDITORA PENSAMENTO-CULTRIX LTDA.
Rua Dr. Mário Vicente, 368 — 04270-000 — São Paulo, SP
Fone: 2066-9000 — Fax: 2066-9008
E-mail: pensamento@cultrix.com.br
http://www.pensamento-cultrix.com.br
que se reserva a propriedade literária desta tradução.

IMPRESSÃO E ACABAMENTO
COMETA GRÁFICA EDITORA
TEL/FAX - 11 2062.8999
www.cometagrafica.com.br

Sumário

Prefácio à edição brasileira 9
Capítulo 1. Regresso ao mundo celestial 13
1. Mensagem ao povo da Terra 13
2. A aparência dos espíritos recém-
   desencarnados 15
3. Guia do mundo pós-morte 17
4. Reflexão sobre toda a vida e a definição
   do rumo a tomar 20
5. O outro mundo é um mundo de comprimen-
   tos de onda 23
6. Minhas vidas passadas 27
7. Meu primeiro pronunciamento após o
   regresso ao mundo celestial 30
8. Ilumine com valentia o coração do povo 32

Capítulo 2. Falando sobre a verdade da vida ... 35
1. Na fase dos 20 anos, eu me atormentava
   com diversas coisas 35

2. Eu imitava São Francisco 37
3. Não há quem consiga viver sem cometer pecados 41
4. Não há como se livrar facilmente dos pecados e do sofrimento 44
5. Em sua essência o ser humano é o resplandecente filho de Deus 46
6. O mal é uma distorção, e não algo real 50
7. Jesus não morreu para que os pecados da humanidade fossem perdoados 52
8. A verdade da vida é o próprio coração de Deus ou de Buda 54

Capítulo 3. O sentido original do pensamento iluminador 59
1. O pensamento iluminador está na base da prosperidade 59
2. A ideologia de Tenko Nishida da instituição Ittoen 63
3. Não se engane quanto às necessidades da nossa época 68
4. Seja você a prova de que "os justos prosperam" 70
5. Resgatar o carma não é a nossa única missão nesta encarnação 71

SUMÁRIO 7

6. As leis da prosperidade de que a era contemporânea precisa 73
7. O *pensamento iluminador* é um meio para ser alguém próximo de Deus 75
8. Como manifestar a luz no nosso corpo 78

Capítulo 4. A natureza do ser humano, filho de Deus... 81
1. Iluminando-se para a sua missão 81
2. Primeiramente, tenha um pensamento e persista nele 84
3. Refletindo sobre a legitimidade do pensamento 87
4. A mentalização estimula o coração das pessoas que se encantam com ela 89
5. Esperar orando 94
6. Seja um cisne que flutua na água 97
7. Não perca o espírito de humildade e gratidão 99
8. O ser humano tem o poder de realização do pensamento 101

Prefácio à Edição Brasileira

UMA INICIAÇÃO AO RITO SECRETO DO MUNDO ESPIRITUAL

No intuito de facilitar os estudos dos dedicados fiéis, decidimos publicar as mensagens espirituais de Ryuho Okawa, gravadas no período inicial da instituição religiosa Happy Science.

Inicialmente, elas foram publicadas por algumas editoras do Japão com o propósito de comprovar a existência do mundo espiritual por meio da reprodução linguística da personalidade de várias entidades espirituais.

Como o objetivo era comprovar a identidade de cada entidade, os livros dessa coleção de mensagens podiam conter ensinamentos e filosofias contraditórias entre si. Contudo, o que há em comum é o fato de que todas as mensagens espirituais foram gravadas em fitas cassete, na voz de Ryuho Okawa, que sou eu.

Desde que adquiri a Grande Iluminação, tenho o poder de me comunicar mentalmente com quaisquer entidades espirituais que já partiram deste mundo, mas, nestas mensagens em particular, fiz questão de transcrever literalmente as palavras dos espíritos, quase como se fosse uma tradução simultânea. Nesse sentido, esse processo é diferente do fenômeno mediúnico em que o médium entra em estado de transe, perdendo a consciência, e o espírito fala unilateralmente. A minha consciência se mantém o tempo todo ativa, e tenho plena compreensão das palavras transmitidas pelos espíritos. Quando são estrangeiros ou de períodos mais recuados no tempo, eu escolho as palavras a partir do núcleo linguístico que tenho guardado na minha alma. Por isso, com frequência uso expressões contemporâneas e vocábulos em inglês, pois tenho domínio da língua inglesa. Além disso, algumas vezes desempenho um papel duplo, uma vez que faço perguntas e em seguida transmito as respostas dos espíritos, por meio do fenômeno psicofônico. Tais poderes paranormais são exclusividade de grandes Guias de Luz encarnados, que adquiriram um elevado grau de Iluminação.

Consta nos sutras budistas que há 2500 anos, quando Sakyamuni Buda deu início ao seu trabalho de difusão, ele travava "diálogos com Deuses" ou "diálogos

PREFÁCIO À EDIÇÃO BRASILEIRA

com demônios" ou com a "subdivisão dos Brâmanes". Se na época já existissem gravadores em fita cassete certamente teria sido possível editá-los em forma de coletâneas de mensagens espirituais e transformá-los em sutras.

A Happy Science já se tornou uma grande instituição religiosa e estamos sentindo a necessidade de unificar a doutrina em torno da minha filosofia pessoal. Assim, atualmente os ensinamentos estão sendo disseminados e abalizados por meio dos nossos livros teóricos, embora, de qualquer maneira, ainda haja demanda por comprovações da existência do mundo espiritual.

A presente coletânea de mensagens espirituais de Masaharu Taniguchi, fundador da Seicho-no-ie, está sendo lançada com o objetivo de proporcionar às pessoas um material para o estudo profundo da Verdade, que não cause no público em geral confusão ou erros de interpretação com respeito à nossa doutrina. Fico feliz se com isso as pessoas conseguirem a convicção da Iluminação e a vontade de difundi-la.

Janeiro de 1999
Ryuho Okawa
Presidente da Happy Science

Capítulo 1
Regresso ao mundo celestial

Mensagem espiritual de Masaharu Taniguchi (1893-1985), fundador da Seicho-no-ie, que pregou a Filosofia da Verdade da Vida. Recebida em 27/10/1986.

1. Mensagem ao povo da Terra

Sou Masaharu Taniguchi.

Por mais de cinquenta anos me dediquei à difusão da verdade no Japão e no Brasil, como presidente da Seicho-no-ie. Finalmente, no verão do ano passado (1985), concluí a minha vida na Terra e deixei esse mundo. Depois de um ano e alguns meses, a minha vida no mundo de cá está se acalmando e o meu raciocínio também começou a se consolidar.

Foi no final do ano passado que fiquei sabendo que os Espíritos Superiores estão enviando mensagens ao povo da Terra e que elas estão sendo registradas e publicadas.

Eu, obviamente, sendo alguém que dirigiu a Seicho-no-ie, uma instituição de pensamento positivo, ou melhor, uma instituição religiosa que tem um sucessor na ativa, pensei longamente se não seria interessante participar de um movimento religioso de outra instituição.

Entretanto, os meus ensinamentos pregados em vida foram os de que todas as religiões têm a mesma raiz, o mesmo Deus.

Todos os seres humanos são filhos de Deus. Os ensinamentos, sejam do cristianismo, do budismo ou do xintoísmo, originam-se do mesmo Deus.

Esse pensamento não se restringe à religião. A filosofia alemã do idealismo, que prosperou nos séculos XVIII e XIX, e também a corrente do Novo Pensamento, pensamento positivo americano fundado por Emerson e que esteve em voga nos séculos XIX e XX, também se originaram dos ensinamentos do mesmo Deus.

Ao observar a amplitude dos ensinamentos de Deus sob essa ótica global, tive o forte sentimento de que não poderia ter uma mente tão mesquinha a ponto de não defender ou orientar outras instituições só porque fui o fundador da Seicho-no-ie.

Assim, resolvi esclarecer, por meio de um relato do mundo de cá, se houve mudança nos meus pensamentos, antes e após o regresso ao mundo celestial, ou se tenho mais ensinamentos a pregar às pessoas que continuam a estudar a minha doutrina na Terra.

Desde o meu regresso ao mundo celestial já se passaram de 15 a 16 meses e agora eu gostaria de transmitir mensagens ao povo da Terra sobre as minhas impressões desse primeiro ano.

Esse é o meu tema de hoje, cujo título é "Regresso ao mundo celestial".

2. A aparência dos espíritos recém-desencarnados

Eu gostaria de falar inicialmente sobre a sensação do regresso ao outro mundo.

Vocês já registraram muitas mensagens espirituais de diversos Espíritos Superiores; no entanto, ainda não receberam a comunicação de um espírito recém-chegado como eu, com menos de um ano no mundo celestial. Assim, vou contar as experiências de Masaharu Taniguchi, um bebê recém-chegado de 92 anos.

Primeiramente, vamos falar sobre a morte humana. Em geral, ocorre uma confusão na consciência das pessoas no momento da morte e elas ficam completamente atordoadas com a separação do corpo físico, o que é natural, já que o mundo após a morte é completamente desconhecido; praticamente ninguém nos ensinou sobre ele e nem mesmo os estudos relatados em livros estão tão avançados.

Infelizmente, a literatura religiosa que fala sobre o outro mundo é demasiadamente arcaica. Temos apenas os sutras budistas de mil ou dois mil anos, ou a Bíblia cristã, que sequer avançou um passo desde os ensinamentos de Jesus, há dois mil anos.

Por exemplo, muitos cristãos têm medo do julgamento, pensando: "Será que vou poder receber a vida eterna por ter acreditado em Jesus? Ou será que vou perder o meu corpo e a minha vida, tal como as flores do campo lançadas e queimadas na fornalha de fogo?"

Há ainda os budistas, que só tomam consciência de sua própria morte quando veem o monge lendo o sutra do "culto de corpo presente".

Contudo, o que todos os desencarnados sentem invariavelmente, sejam eles da seita Nichiren ou do Jodoshinshu, é que não conseguem entender absolutamente nada do sutra entoado.

Ao ouvir o sutra, percebem que já não pertencem mais ao mundo terreno, mas, na era atual, a leitura do sutra, feita pelo monge por mais de uma ou duas horas, não representa uma salvação para eles, que já perderam o sentido original do sutra.

Os espíritos recém-falecidos procuram ouvir atentamente o sutra, mas não são capazes de obter a Iluminação ou a salvação a partir disso. Logo os seus corpos são cremados, as cinzas armazenadas na urna e enterradas, os incensos são acesos, as fotos colocadas no altar, os sinos tocam... Eles ficam perplexos vendo as pessoas servindo água, chá, arroz, etc. "Servem-me comida, mas eu não consigo comer! Frutas aos montes, mas nada posso fazer! Eu sei que já morri, mas não consigo traçar uma diretriz pós-morte." Eis a verdade.

3. Guia do mundo pós-morte

Assim, os espíritos em geral ficam perambulando sobre a superfície terrena durante vinte ou trinta dias, embora popularmente no budismo se fale em 49 dias. Mesmo após o culto do sétimo dia, eles ficam acomodados dentro de casa e sentem que estão compartilhando a vida com a família entristecida.

Porém, nesse período, eles aos poucos começam a ter consciência espiritual. Começam a achar normal viver sem comer ou beber nada. Conscientizam-se de que não conseguem se fazer ouvir pelos vivos do mundo terreno; não conseguem tocá-los, pois as mãos transpassam seus corpos; nem conseguem assustá-los ou sequer fazê-los perceber sua presença.

Só então os espíritos começam a perceber que não podem mais viver no mundo terreno e, quando atingem esse nível de consciência, os espíritos guardiões aparecem para recepcioná-los. Trazem consigo seus pais, irmãos, tios ou familiares que também já deixaram a Terra. São eles que falam sobre o mundo após a morte. Dessa maneira, eles obtêm a plena consciência da própria morte.

Depois, a eles são ensinados os primeiros passos como iniciantes do outro mundo. As cenas são bastante parecidas com as de crianças prestes a ingressar na escola primária. Fim de verão, fevereiro, as crianças acompanhando os pais, que compram o material escolar. São cenas bem parecidas.

Mesmo os mais célebres no mundo terreno, quando morrem, são como bebês no outro mundo. O nível de conhecimento espiritual é inferior ao de alunos do primário.

O problema é ainda maior para pessoas que viviam com arrogância no mundo terreno. Presidentes de empresas, ministros de Estado, políticos, delegados de polícia, diretores de escola, pessoas que ocupavam o topo da pirâmide social e costumavam ditar as regras. Ao chegarem no outro mundo, elas ficam atordoadas e perdidas, por serem os piores alunos da escola primária.

Jesus disse: "Bem-aventurados os puros de coração, pois eles verão a Deus". Alguns ensinamentos foram pregados por Jesus no famoso Sermão da Montanha. Disse também: "Bem-aventurados os humildes de espírito, porque deles é o reino dos céus".

Tais palavras se realizarão, primeiramente, no portal da morte, ou seja, aqueles que se achavam grandes saberão no outro mundo quão pequenos são realmente e ficarão perplexos. Entretanto, os que viveram com humildade avançarão nos estudos quando voltarem ao outro mundo, graças justamente a essa humildade.

Bem-aventurados são aqueles que sabem ser humildes, pois serão grandes. Desventurados são os que não sabem ser humildes, pois terão grandes amarguras quando partirem para o outro mundo.

Assim, vinte ou trinta dias após a morte, eles passam a receber orientações de seus Espíritos Guardiões e de seus entes queridos.

4. Reflexão sobre toda a vida e a definição do rumo a tomar

Passado o período de vinte a trinta dias, é chegado o momento do encontro com o Espírito Guia, que varia conforme a pessoa.

O Espírito Guardião, em geral, é uma alma com um nível de espiritualidade semelhante ao do falecido. Por outro lado, há também outro espírito de nível elevado que protege a pessoa. Esse é o Espírito Guia e é ele quem vem recepcioná-la. Juntamente com o Espírito Guardião, ele conduz a alma recém-falecida para um centro de atendimento daquele mundo.

Esse mundo é o Mundo Astral, também conhecido como Quarta Dimensão. Nesse mundo, o estilo de vida é ainda bastante parecido com o do mundo terreno. Alguns até vivem em família. Praticamente tudo o que existe no mundo terreno é encontrado também no Mundo Astral.

Assim, pouco a pouco, as pessoas passam a observar a sua própria alma. Ao voltarem para o Mundo Astral, todos invariavelmente começam a refletir sobre cada pensamento que tiveram em vida. Os mais precoces iniciam esse processo em três dias e os mais demorados, em cerca de noventa dias.

A forma da reflexão varia de acordo com as crenças, filosofias e religiões de cada um. Se se tratar de um budista, vem um monge e prega os benefícios da reflexão ao estilo budista e, assim, conduz a pessoa à autorreflexão. Se for uma alma cristã, vem um pastor da igreja e recomenda a confissão e o arrependimento.

Quando se trata de alguém que não teve vínculo religioso em vida, surge um educador que o orienta através da moral.

Assim, faz-se a reflexão de sessenta, setenta ou mais anos de vida.

Nessa reflexão, como vocês sabem, para alguns são mostradas cenas de toda a vida, numa espécie de espelho da vida. Contudo, essa é uma forma muito infantil e é feita somente para quem precisa disso. Com as pessoas mais espiritualizadas, ela não é aplicada.

Quando se encerra a reflexão de três a noventa dias, define-se o rumo que o espírito deverá seguir; não existe, no entanto, o tal Guardião do Portal do Céu e do Inferno, que determina para onde ele deve ir.

De qualquer maneira, nesse período de reflexão, as pessoas normalmente conseguem identificar a essência do seu ser. Assim, consultando seu Espírito Guardião ou Espírito Guia, elas definem a atitude a tomar.

Durante a fase da reflexão, todos têm a capacidade de se avaliar e decidir se devem ir para o Céu ou para o Inferno. Quando a pessoa percebe "Bem, parece-me que devo ir para o Inferno", ela é orientada pelo Espírito Guardião ou pelo Espírito Guia sobre o seu maior erro. Só então ela vai para o Inferno mais apropriado para a correção dos seus erros. Uma vez no Inferno, esquece-se da reflexão feita. Observe que é a própria pessoa que decide para onde ir.

Isso é o que ocorre com a maioria das pessoas, porém existem exceções.

Os criminosos autênticos, por assim dizer, aqueles que viviam possuídos por inúmeros demônios e que viviam, eles próprios, como demônios podem cair diretamente no Inferno, juntamente com quatro, cinco ou seis demônios obsessores. Isso é também um fato.

Como vocês sabem, o outro mundo é dividido em várias camadas. Embora essas camadas não tenham sido criadas para classificar as pessoas, a diferenciação foi criada de acordo com as leis da física. Podemos tratar este tema como sendo uma questão de peso específico da alma.

É como a superfície da água após a decantação. Quando misturamos cinzas na água, elas decantam e formam uma camada negra no fundo. As cores vão ficando cada vez mais claras nos níveis mais elevados, até chegar à água límpida na camada superficial. Se observarmos atentamente, podemos perceber que existem diversas camadas, desde as cinzas negras do fundo até a água límpida e cristalina no topo. Por que isso acontece? Porque o corpo mais pesado decanta e vai para o fundo. E o que seria o corpo mais pesado? Seriam as coisas mundanas. Quem tem uma alma materialista tem um peso específico maior, tipicamente mundano. São esses que se decantam. Por outro lado, as pessoas pouco mundanas ou as almas mais afeitas ao outro mundo têm um peso específico leve e tendem a subir.

Assim sendo, sob a ótica do processo decisório, as almas decidem para onde vão com base na autoavaliação, mas, por outro lado, sob a ótica da física, elas vão para um lugar condizente com seus pesos específicos.

5. O outro mundo é um mundo de comprimentos de onda

Numa analogia, a alma humana é um corpo energético, uma onda eletromagnética ou uma vibração. As almas que manifestam vibrações extremamente densas acabam se sintonizando com o mundo que também tem esse tipo de vibração. Por outro lado, as almas que manifestam vibrações mais elevadas se sintonizam com o mundo mais sutil.

O outro mundo, portanto, é um mundo de comprimentos de onda. Talvez vocês achem que existe um mundo invisível chamado Inferno e outro chamado Céu, e que há seres humanos residindo nos dois. Contudo, esse é um conceito para que os humanos possam entender. O mundo verdadeiro é o mundo das vibrações, o mundo das ondas.

Se, por exemplo, usássemos um aparelho de TV como receptor de imagens, quem vive no mundo de vibrações densas captaria as imagens do Inferno; e a alma sintonizada com as ondas eletromagnéticas de vibrações sutis veria as belas imagens celestiais.

Mesmo em torno de vocês, encarnados, muitas ondas eletromagnéticas estão indo e vindo sem que percebam. Os aparelhos de rádio e TV fazem com que seja possível captar vozes e imagens.

Ao sintonizarmos o aparelho de rádio num determinado comprimento de onda, ora captamos os gritos agonizantes do Inferno, ora o coral dos Anjos. Ora aparecerão imagens infernais na TV, ora as cenas pastorais do Céu.

Assim é o outro mundo e, portanto, não se pode pensar que os reinos do Céu ou do Inferno existam fisicamente. Basicamente, trata-se de um mundo de ondas vibratórias, um mundo de comprimentos de onda. Ao se traduzir para uma linguagem humana, diz-se que existem os mundos do Céu e do Inferno onde vivem os seres humanos. Mas não se pode entender erroneamente essa analogia. Portanto, o outro mundo é um mundo de comprimentos de onda, um mundo de ondas vibratórias. Diferentes mundos são perfeitamente separados e pessoas de diferentes comprimentos de onda não se sintonizam jamais.

O mundo para onde cada um vai varia de acordo com a onda vibratória irradiada pela alma, ou do comprimento de onda que ela irradiou ao longo da vida. Entre os diferentes destinos estão os mundos dos Tathagatas (Nyorais), dos Bosátvas (Bosatsus), dos Iluminados, dos Bondosos ou o mundo Astral. E mesmo nesses casos, trata-se meramente de mundos de diferentes comprimentos de onda ou mundos de diferentes ondas vibratórias.

Em vez de dizer que existem mundos distantes da Terra, o correto seria dizer que, dentro da terceira dimensão, coexistem diferentes mundos com diferentes ondas eletromagnéticas. O mundo da quarta dimensão está contido na terceira dimensão, o da quinta dimensão está dentro da quarta, o da sexta está dentro da quinta, e assim por diante. O mundo é, portanto, uma estrutura multidimensional. Não se pode entender mal.

No passado dizia-se "Nyorai Amida vive no Paraíso do Oeste e quem entoar os sutras budistas poderá viver com Buda Amida nesse Paraíso", mas isso não é verdade.

O correto seria pensar: "A harmonia ou o comprimento de onda que irradiamos ao longo de cinquenta, sessenta ou setenta anos de vida serão refletidos no outro mundo". E não há exceção para essa regra.

Não há como viver alegremente no Céu depois de cometer inúmeros males no mundo terreno; nem como agonizar no fundo do Inferno depois de viver de modo angelical neste mundo. São coisas impossíveis de acontecer.

Contudo, são inúmeros os líderes religiosos que pregavam ensinamentos com rostos angelicais e que eram considerados Santos, mas que no seu interior cultivavam um mundo infernal. Estes estão revirando-se de sofrimento no Inferno.

Por outro lado, são também inúmeros os que foram considerados malvados neste mundo, mas que agora vivem juntamente com os Santos no outro mundo.

Em vida, o monge Shinran, por exemplo, analisou cuidadosamente a sua personalidade geniosa e os seus atos vis. No fim da vida, é possível que ele tenha temido cair no Inferno. Seus familiares também temiam por ele. Entretanto, ele não caiu. Está vivendo perfeitamente no mundo celestial como Anjo de Luz.

Assim, existe uma lei bem definida que diferencia as ondas superiores das inferiores, independentemente da consciência de cada um. É nisso que devemos pensar. É verdade que nem sempre é elevado aquele que pensa ser elevado e nem sempre é inferior aquele que pensa ser inferior.

6. Minhas vidas passadas

Falei genericamente sobre o mundo após a morte. Agora, devo transmitir a vocês como foi Masaharu Taniguchi.

Uma vez que estou aqui falando com vocês, todos concluem que Masaharu Taniguchi não está agonizando no Inferno. De fato, eu estou no mundo que vocês imaginam, estou agora no mundo dos Nyorais[1].

O que aconteceu comigo desde que deixei este mundo? Não fui ao crematório para lamentar a queima do meu corpo. Tive plena consciência de que era chegado o momento de partir, depois de ter pregado os ensina-

---

1. Segundo o Mestre Ryuho Okawa, Masaharu Taniguchi é atualmente um corpo vital do mundo dos Brâmanes. (N. E.)

mentos por mais de cinquenta anos. Portanto, eu não tinha mais nada para fazer neste mundo.

Para um espírito que não tem apego, não há nenhuma necessidade de se permanecer no mundo terreno. Assim que tive a consciência da minha morte, saí imediatamente do meu corpo físico e regressei no mesmo dia ao mundo celestial.

Não tinha tempo a perder parando no mundo Astral da quarta dimensão. Não parei. Para um ser humano que obteve a Iluminação em vida e que conhece tanto o mundo terreno como o mundo celestial, não há tempo a perder em pontos de recreação.

Para ser mais claro, vieram alguns Anjos me receber e ascendi ao mundo celestial apoiado pelas mãos desses Anjos.

No trajeto, vi diversos mundos sob meus olhos. Certamente, são imagens vistas pelas minhas percepções humanas. O Japão terreno foi diminuindo cada vez mais de tamanho. Vi o grande oceano. Deve ter sido o oceano Pacífico. Vi o arquipélago do Japão no oceano Pacífico. Vi Kyushu. Vi Shikoku. Vi a região de Chugoku, Kanto, Tohoku, Hokkaido.

Assim, o grande oceano foi se distanciando até que eu avistei uma grande esfera chamada planeta Terra. Lá estava a África. Mais próximo o continente da Ásia. Havia também a Austrália. Ali, o continente america-

no. Vi o planeta Terra como se estivesse vendo a maquete de um globo terrestre.
Fui subindo em altíssima velocidade. Passei pelo mundo Astral, pelo mundo dos Bondosos, pelo mundo dos Bosátvas, e cheguei ao mundo dos Nyorais.
Onde cheguei, para ser inteligível a vocês, havia uma paisagem tranquila, tal como nos contos antigos. Havia uma colina de contornos suaves e casas de lindas cores.
Na varanda da casa para onde voltei, havia uma placa com a inscrição "Masaharu Taniguchi".
Era uma placa novíssima, feita de cedro branco. Na parte inferior, havia também o meu nome da vida passada.
Sob a placa recém-confeccionada, havia uma inscrição com o nome "Plotino". Esse é o nome de um filósofo romano. Eu já havia encarnado uma vez como filósofo da nova corrente de Platão, com o objetivo de desenvolver ainda mais a filosofia deixada por ele.
Ao remover a placa de Plotino, surgiu embaixo a placa de Izanagi-no-Mikoto, sem, contudo, a palavra "Mikoto" e sim, "Izanagi-no-Ookami", ou seja, Grande Deus Izanagi.
A minha alma tem afinidade com o Japão e, portanto, essa casa era de uma tonalidade tipicamente japo-

nesa. Voltei, portanto, para uma casa de estilo japonês, com um jardim japonês, numa suave colina celestial.

7. Meu primeiro pronunciamento após o regresso ao mundo celestial

Ao chegar ali, levado pelos Anjos de Luz, fiquei conversando com algumas pessoas e depois fui conduzido a uma praça. Muitas entidades consideradas Nyorais estavam na praça.

A quantidade de Nyorais é muito grande e os que estavam ali para me receber eram Ameno-Minakanushi-no-Kami, Ameno-Tokotati-no-Kami, Kunino-Tokotati-no-Kami e Yamato-Takeru-no-Mikoto. Do mundo das Deusas, veio a Amaterasu-Oomikami.

Essas eram principalmente entidades do xintoísmo japonês, mas vieram também entidades de outras correntes como, por exemplo, o filósofo Kant, o pensador americano Emerson, Platão e Sócrates.

Assim, os deuses xintoístas e os filósofos vieram festejar o meu regresso ao mundo celestial.

Posteriormente, vieram outras entidades como Jesus Cristo. Da corrente budista, veio também o Nyorai Ashuku.

Diante dessas dezenas de pessoas, fiz o meu primeiro pronunciamento após o regresso ao mundo celestial e falei sobre meus trabalhos no mundo terreno.

Primeiramente, falei das atividades anteriores à Segunda Guerra Mundial. Depois, falei das dificuldades que defrontei para lançar luz na era tenebrosa em que o Japão entrou na guerra. Do pós-guerra, falei dos sofrimentos que enfrentei quando fui banido do meu trabalho e proibido de escrever os meus livros.

Apesar de tudo, a minha ideia de ampliar a luz por meio dos meus pensamentos positivos não estava errada. Recebi muitos cumprimentos dos Nyorais justamente por ter iluminado o mundo por meio dos pensamentos positivos.

O que eu ainda lamento é o fato de o meu movimento de conscientização iluminista ter sido interpretado como um sectarismo religioso, fazendo com que as pessoas não religiosas ficassem alheias a ele.

Não nego que houve pessoas que se lamentaram: "Se esse movimento fosse amplamente disseminado como uma filosofia e não como religião, muito mais pessoas poderiam ter sido salvas". Eu senti o mesmo.

Entretanto, isso não faz parte da minha reflexão, pois considero que tenha sido mais um erro dos críticos e da imprensa do pós-guerra, que acusavam as novas religiões de serem malignas.

Enfim, fiquei conversando com os Bosátvas e Tataghatas que vieram me recepcionar, sobre a história da difusão que empreendi em mais de cinquenta anos.

Em vida, eu mesmo não sabia que quem estava me orientando, na verdade, era principalmente Ameno-Minakanushi-no-Kami e os demais Deuses do xintoísmo japonês. Recebia também, vez ou outra, inspirações dos demais filósofos. De mãos dadas com eles, conversamos bastante e eu externei a minha gratidão a todos pela força que eles me deram.

A força de um único ser humano de nada vale. O líder religioso que desce à Terra é um mero porta-voz, uma trombeta de Deus.

8. Ilumine com valentia o coração do povo

Atualmente, está em curso o movimento da Happy Science. Quem deve pregar os novos ensinamentos no mundo, com certeza são vocês da Happy Science.

Eu pretendo, a partir de agora, enviar muitos conselhos como um Espírito que apoia essa instituição.

Espero que vocês, em prol de um mundo melhor, anunciem em alto e bom som que todas as religiões têm o mesmo Deus e a mesma raiz. Levantem-se com valentia para salvar o povo de todas as nações, sem que esse ensinamento se limite ao Japão.

Eu, Masaharu Taniguchi, ficarei feliz em ver vocês superarem a Seicho-no-ie. Ficarei feliz em vê-los ultrapassar o meu trabalho de mais de cinquenta anos. Só isso justificaria o surgimento de vocês depois de nós. Espero que vocês se tornem uma grande instituição. Espero que superem o budismo, o cristianismo, o xintoísmo, o confucionismo, o islamismo, o judaísmo, a filosofia, a literatura e a arte. Façam um trabalho grandioso e valente. Continuem por décadas esse trabalho.

O mundo está se afundando em trevas e, por isso, justamente agora, precisamos que o grande sol da verdade se eleve resplandecente. Precisamos da grande luz, da luz resplandecente. Precisamos iluminar o povo. Não se esqueçam disso.

Sejam a luz! Não pensem em si mesmos! Iluminem com valentia o coração do povo! Iluminem o mundo! Eis a missão de vocês!

"Regresso ao Mundo Celestial." Este foi o tema de hoje.

Capítulo 2

Falando Sobre a Verdade da Vida

Mensagem Espiritual de Masaharu Taniguchi, recebida em 28/10/1986.

1. Na fase dos 20 anos, eu me atormentava com diversas coisas

Sou Masaharu Taniguchi. Ontem, fiz um relato do meu regresso ao mundo celestial. Hoje, neste segundo dia, pretendo falar sobre a Verdade da Vida.

Verdade da Vida é também o título do meu livro e foi também uma Iluminação que eu tive. Quando eu defini a expressão Verdade da Vida, a minha filosofia fundamental estava praticamente completa.

Os religiosos em geral valorizam muito o coração, a ponto de se perderem correndo atrás dele. O ser humano pensa "Eu tenho que supervisionar o meu coração, mantendo-o sob meu controle". No entanto, infelizmente, o coração não é tão fácil de controlar.

Por que não? Porque aquele que corre atrás do coração é também o próprio coração.

Há líderes religiosos que classificam o coração dividindo-o em duas partes: bondade e maldade. Outros o dividem em "eu falso" e "eu verdadeiro". Tudo isso é um mero expediente, um modo de descrevê-lo.

Então, como diferenciar que parte do ser humano é o "falso eu" e que parte é o "verdadeiro eu"?

Sendo um religioso Iluminado, eu talvez fosse capaz de fazer tais diferenciações, mas para o povo em geral, não Iluminado, não é fácil saber o que é o falso eu e o que é o verdadeiro eu.

Masaharu Taniguchi também ficou em dúvida na fase dos 20 anos. Tal como outros líderes religiosos do mundo, eu também me atormentei e me angustiei por diversas dúvidas.

Assim, eu fiz a busca do meu verdadeiro modo de ser, mas, infelizmente, quanto mais pesquisava o lado feio que existia dentro de mim — o falso eu — mais me via caindo no fundo do Inferno. Quanto mais pensava no meu lado ruim, mais me via afundando no Inferno.

Eu não sou um ser humano livre de pecados, um ser humano que morreu sem nunca ter cometido um pecado. Tal como os demais, eu também cometi muitos pecados. Aos 20 anos, já eram significativos. Eu me atormentava por diversas coisas da vida.

Por exemplo, com 20 e poucos anos, enfrentei muitas dificuldades financeiras e sofri muito por não ter o pão de cada dia, o arroz do dia seguinte.

Eu tinha consciência de sermos todos espíritos e sabia que era errado me atormentar pela falta do que comer. No entanto, nada podia fazer contra tais tentações e sofrimentos.

Era uma grande treva que não podia ser eliminada com a prática de reflexão. Era um canal intransponível. Por mais que eu pensasse em purificar o coração, clarear o coração, os tormentos pela falta do que comer eram inevitáveis.

2. Eu imitava São Francisco

Na fase dos 20 anos, eu fazia parte da instituição religiosa Oomotokyo. Assim, na época, eu praticava os exercícios ascéticos sob a orientação de Onisaburo Deguchi.

Houve uma fase da minha vida em que imitava São Francisco e me autodenominava "São Francisco de Oomoto".

Eu me orgulhava de ser um pobretão. Vivia com a roupa do corpo, um cordão na cintura e artigos de higiene pessoal num pequeno cesto. Isso era todo o meu patrimônio. Sabonete e escova de dentes eram tudo o que eu tinha.

Vivia assim como São Francisco, com um cordão na cintura, e bancava ser um santo.

Entretanto, não sei por que razão, esse jovem que desejava ser pobre e puro era doentio. Na época, eu não sabia o motivo disso. "Por que os sofrimentos me açoitam se estou tentando ser puro de coração e sem apegos materiais? Por que a doença judia tanto do meu corpo?"

Na época, eu estava perseguindo excessivamente o falso eu.

O ser humano, quando desperta para a religiosidade, começa a encontrar o lado negativo do seu ser.

Certamente, isso é também importante na fase inicial.

Segundo o cristianismo, "O homem é filho do pecado" e ainda "O homem já carrega consigo o pecado original desde o momento do nascimento. Por isso, ele não consegue ter a felicidade duradoura. Contudo, ele tem de carregar a cruz do sofrimento para pagar pelo pecado original cometido por Adão e Eva".

No entanto, eu, infelizmente, via algo nesse pensamento que eu não diria estar errado, mas com o qual eu não podia concordar.

De fato, Jesus Cristo, o Messias, carregou a pesada cruz, suportou a coroa de espinho, subiu a colina de Gólgota (Calvário), juntamente com os criminosos comuns, e morreu crucificado. Isso é um fato histórico.

Os cristãos da posteridade, que respeitavam Jesus, desejaram sofrer como ele. Eles continuavam orando "Dê-me o mesmo sofrimento que Deus deu ao Senhor. Se o ser humano é filho do pecado, dê-me mais dores e sofrimentos. Faça de mim alguém capaz de suportar tais sofrimentos".

O autodenominado "São Francisco de Oomoto" também era assim.

Francisco era um cristão da Idade Média, um monástico. Ele adorava Jesus Cristo e não havia um dia sequer que não pensasse em Jesus pela manhã, à tarde e à noite.

Certo dia, o que aconteceu com São Francisco? Apareceram estigmas no seu corpo. Eram sinais de ferimento no corpo provocados pelos pregos usados para prender o corpo de Jesus Cristo à cruz. As marcas do prego iguais às de Jesus apareceram nas mãos e nos pés de São Francisco. Francisco ficou feliz em ver os estigmas. Ele ficou feliz em ver o sangue escorrendo das suas mãos feridas: "Aconteceu o mesmo fenômeno que no Senhor! Esta é a prova de que sou Santo".

Contudo, a vida dele era repleta de sofrimentos e ele adoeceu. Assim, ele viveu uma vida de sofrimento e falta de prosperidade.

Eu costumava pensar:

"Afinal, onde está o erro? Que o ser humano não é matéria e sim espírito é um fato irrefutável. Então, por que uma pessoa que tem plena consciência espiritual e que vive livre de apegos materiais tem de sofrer?"

Ademais, quanto mais eu me via como um filho do pecado, mais me via sem paz.

"Por que sou tão pecador assim? Se o ser humano é um filho do pecado, então talvez nem devesse ter nascido. O nascimento seria um erro? Já que se acumula tanto pecado na vida, então, seria melhor não ter uma vida longa. Seria melhor morrer ainda bebê?"

Eis as aflições comuns a todos os que buscam o caminho religioso, eis o estreitamento da vida. Muitos religiosos não conseguiram vencer essa trilha. Desceram a montanha e voltaram pelo mesmo caminho.

Sem passar por essa barreira, não há como conquistar a Iluminação.

3. Não há quem consiga viver sem cometer pecados

Eu pensei:
"Por que o ser humano é filho do pecado? Será que Deus é tão intolerante a ponto de expulsar Adão e Eva do paraíso por terem caído em tentação e se negar a perdoar a humanidade eternamente por isso? Será que Deus cobra da humanidade tanta reflexão?"

Assim, eu pensei e repensei.

Algum tipo de pecado a humanidade carrega por ter nascido, por receber a vida neste mundo. Talvez isso seja verdade.

Não há quem viva sem prejudicar os outros de algum modo. É inegável que todas as pessoas vivem explorando os outros. Se alguém obtém lucro numa atividade econômica, então existe alguém que sofreu prejuízo por isso.

Tive muita dúvida no passado a respeito dos lucros bancários também. Por que dez mil reais se transformam em onze mil numa simples operação de empréstimo?

Eu passei a rejeitar inclusive a ideia de ter uma conta-poupança num banco, pois via um mal nisso.

Por que o valor de dez mil reais poupado no banco se transforma em dez mil e quinhentos ou onze mil reais? De onde vem o rendimento de quinhentos reais? Caiu do céu? Não pode ser. Com certeza, o valor de dez mil reais que eu deposito deve ser emprestado a alguém e o banco deve cobrar juros superiores aos quinhentos reais que rende a minha poupança.

Dez mil reais são emprestados a alguém e se transformam em onze mil, o que indica a exploração de mil reais, e desse valor eu recebo quinhentos. Quando eu percebi esse mecanismo, fiquei estupefato.

Pensei: "Como é doloroso viver como ser humano!" Cometemos pecados só por estarmos vivos.

Talvez, o simples ato de beber água pode ser um pecado. A água potável é tratada e muitos microorganismos são mortos. Concluí que é um pecado beber água.

Além disso, o ser humano precisa se alimentar três vezes ao dia. Animais são abatidos por isso. Come-se carne animal. Então, bastaria não comer carne animal? E quanto aos peixes? Também são pescados e mortos. Bastaria não comer peixe? Então, come-se mexilhão, mas este também tem vida. Camarão, polvo, enfim, todos têm vida.

Sendo assim, o homem deve se tornar vegetariano? Porém, as plantas também têm vida. Embora seus movimentos sejam bem mais lentos do que os dos animais, os vegetais também têm vida. Nem um grão de arroz quer perder a vida. Hortaliças, idem. Seja uma acelga, uma cebolinha, todas desejam crescer e concluir a vida, mas vem o homem e as colhe, usa-as na cozinha e se alimenta delas. O mesmo acontece às frutas.

"O ser humano, enquanto vive, se continuar contabilizando os pecados, comete um número cada vez maior deles", eu pensava. Não há quem viva sem cometer pecado. Mesmo Jesus Cristo não esteve livre dos pecados enquanto viveu.

Ademais, não há vida sem ferir os sentimentos alheios.

Eu, por exemplo, fui separado dos meus pais ainda criança e fui criado por pais adotivos. Meus pais adotivos esperavam que eu fosse bem-sucedido na vida. Quando eu estudava na Universidade Waseda, eles me desejavam uma boa carreira profissional. Contudo, apesar de ser um excelente aluno, interrompi os estudos. Larguei a escola e fiquei vagando, de emprego em emprego.

Quanta tristeza devo ter causado aos meus pais! Uma tristeza infindável. Dia e noite, eles devem ter pensado "Por que Masaharu se tornou um marginal? Por que meu filho ficou tão idiota?" Numa perspectiva de longo prazo, as minhas peregrinações na adolescência serviram de adubo para que eu me tornasse um religioso. Passei por tantos sofrimentos, na verdade, porque tinha esse propósito. Embora o fim se justifique, é inegável que eu fiz meus pais sofrerem. Mesmo quando fundei a religião, muitas pessoas foram contra. Não havia como seguir este caminho sem ferir os seus sentimentos. Muitos sofrimentos causei também à minha esposa por ter ingressado no meio espiritual. Tudo isso deve ter acontecido. Sofrimentos e tristezas fazem parte da nossa vida. Se ficasse pensando só nessas coisas, o ser humano acabaria caindo num inferno profundo.

4. Não há como se livrar facilmente dos pecados e do sofrimento

Sei que muitos pensam que conseguiram se livrar dos seus pecados por meio de técnicas de reflexão, meditação ou introspecção. Sei que há quem diga "A essência da religião é reflexão. Sem eliminar os pecados por meio da reflexão, não é possível ser verdadeiramente si mesmo". Não acho que essa postura em si esteja errada.

Entretanto, os verdadeiros pecados do ser humano não são simples a ponto de se conseguir eliminá-los somente por meio de reflexão dos próprios atos e pensamentos, sentado ao estilo zen por mais de dez horas por dia.

É preciso ver se essa pessoa não está causando problemas a alguém enquanto pratica a reflexão. Alguém deve estar se sacrificando para que ela possa ficar ali sentada.

Talvez, esse tempo de reflexão devesse ser usado para ajudar muitas pessoas. Em vez disso, ela está usando esse tempo precioso simplesmente para seu próprio consolo.

Creio, sim, que a reflexão seja importante. Contudo, os pecados e sofrimentos do ser humano não são tão simples a ponto ser expurgados apenas com a reflexão. Mesmo que pareça que eles foram eliminados com a reflexão, no dia seguinte o ser humano cria mais sofrimentos e pecados.

Pecados são cometidos contra os próprios pais, contra os vizinhos e até mesmo contra desconhecidos. Com certeza, são cometidos.

São cometidos inclusive contra animais e vegetais ou contra microorganismos. Basta inspirarmos o ar e muitos seres vivos podem estar sendo aspirados. No verão, não há como não matar um pernilongo. Assim é o ser humano. Se observarmos profundamente o eu pecaminoso, perceberemos que não há como perdoar os pecados simplesmente com um ato insignificante como esse: o eu bom julgando o eu mau.

5. Em sua essência o ser humano é o resplandecente filho de Deus

Depois que passei a pensar assim, eu vivenciei uma conversão religiosa de 180 graus, ou seja, passei a cultivar uma filosofia exatamente oposta:

"Será o ser humano, de fato, um filho do pecado? Será que Deus criou os sofrimentos deste mundo e do inferno somente para punir o ser humano, filho do pecado?"

Eu não conseguia acreditar em um Deus tão cruel.

"O Deus que eu creio é Deus do amor, Deus da misericórdia; é o Deus que nos dá tudo. Por que esse Deus nos imporia apenas provações? Será que são realmente provações ou são meros enganos do ser humano? Será tudo isso uma obra filosófica criada pelos antigos líderes religiosos?"

Assim, eu comecei a pensar.

Ao pensar assim, surgiu um feixe de luz dentro do meu coração.

Eu sempre me vi como alguém sujo e imprestável. Lutava para eliminar esse falso eu, o eu errado, mas por mais que o expurgasse, nada podia fazer contra os novos pecados que cometia.

Ao mudar de visão em 180 graus, eu descobri uma verdade: "Por que não pensar que o ser humano foi criado por Deus? Por que os religiosos não enfatizam que o ser humano é filho de Deus?"

"Quem fez do homem um pecador? Quem taxou o homem de pecador? Quem fez do homem um ser inferior a um cordeiro do campo, um lixo? Não é possível que o ser humano seja apenas um cordeiro a ser sacrificado." Assim eu pensei.

"O ser humano é filho de Deus ou de Buda. E sendo um filho de Deus ou de Buda, qual seria então a sua essência? A sua essência deve ser igual à de Deus ou Buda. Então, por que o ser humano, que é igual a Deus ou Buda, comete tantos crimes e causa tanto sofrimento e tantas tristezas? Será que os sofrimentos e tristezas existem de verdade? Será que o pecado existe realmente?"

Fiz esse tipo de questionamento profundo e descobri que Deus não criou o ser humano malvado.

Ao observarmos os pecados cometidos exclusivamente sob a ótica das ações, de fato, o ser humano é muito malvado. Entretanto, nem todos são assim. Por outro lado, uma vez que a alma humana é oriunda de Deus ou de Buda, o caráter malvado que o ser humano aparenta ter não deve ser verdadeiro. A essência humana é um resplandecente filho de Deus. A aparência malvada é meramente uma ilusão de ótica, uma manifestação do seu estado perdido. É simplesmente sua perdição.

O que seria a perdição? É uma espécie de ventania. Caminhando pela rua, o vento vem e bate no rosto. De tão forte, sente-se que não é possível continuar caminhando, ou tem-se a impressão de que o vento está atormentando as pessoas, levantando poeira.

Porém, é preciso questionar: "Será que esse vento existe de fato?" Ninguém seria capaz de prender o vento e apresentá-lo aos demais. O vento não existe. O que vimos é apenas a imagem do movimento do ar, imagem da transição, imagem efêmera e não a sua essência.

O vento não existe, pois ninguém seria capaz de prendê-lo e mostrá-lo aos demais. Se o vento existe de fato, coloque-o numa caixa e o mostre. Ninguém será capaz.

Da mesma maneira, o ser humano não é malvado e o pecado também não existe.

A origem do ideograma chinês que representa o "pecado" é um embrulho. Portanto, o pecado na verdade não existe, o pecado é um embrulho, é uma ocultação.

O ser humano, portanto, é resplandecente. Digamos que haja uma lâmpada fluorescente diante dos seus olhos e que, ao se ligar a energia elétrica, ela acenda. A essência humana é, na verdade, acesa e resplandecente.

Agora, o que aconteceria se, por ignorância, o homem se embrulhasse num saco? A luz ficaria oculta. Olharíamos para o saco e a confundiríamos com o ser humano.

Dizem que o ser humano é um filho do pecado. Não é verdade. Dentro do saco, o ser humano é resplandecente. E quem o embrulhou? O saber e a vontade do ser humano. Não seriam o saber, a vontade e o sentimento das pessoas que criaram o saco?

O pecado é um embrulho que acoberta a verdade.

Portanto, não pense que o pecado existe de fato. Não há como salvar as pessoas enquanto se achar que o pecado existe. Não há como se Iluminar.

O pecado é a imagem da perdição do homem. O mal na verdade não existe. Só o bem existe. Só a justiça existe.

6. O mal é uma distorção, e não algo real

Por que então o ser humano que vive na Terra enxerga o mal? O que seria o mal? O mal é gerado quando ocorre o choque entre as pessoas. São conflitos que surgem entre as pessoas. São barreiras psíquicas que surgem entre as pessoas.

E por que acontecem tais conflitos? Porque as pessoas são seres independentes que buscam a liberdade cada qual à sua maneira. Somos todos filhos de Deus em busca da liberdade, e a liberdade de um se choca com a do outro.

Em outras palavras, o mal é uma distorção gerada no momento em que ocorrem interferências mútuas provocadas pelas manifestações individuais livres. Portanto, o mal é uma distorção, e não algo real e concreto.

E por que acabamos vendo o mal?

Vamos fazer uma analogia com o trânsito. Nos cruzamentos, os semáforos organizam o trânsito com sinais vermelhos e verdes. No sinal vermelho, o veículo deve parar e no verde, avançar. Assim, acidentes não acontecem.

Nessa analogia, o mal é um acidente de trânsito. O acidente não deveria existir, mas acontece quando não existe a coordenação entre os eus. E, assim, acabamos enxergando o mal. Portanto, na verdade, o mal não existe.

Quem afirma que o mal existe é também a pessoa que diz que o acidente de trânsito existe. Este não existiria se as pessoas obedecessem às leis de trânsito. O acidente é apenas uma manifestação da desarmonia.

Quem acha que isso é mentira deveria imaginar todos os cruzamentos em nível. Assim, jamais aconteceriam choques entre veículos nos cruzamentos. Os semáforos são criados meramente por uma questão técnica, quando não há recursos ou condições para se construir passagens em níveis diferentes. E como consequência, acontecem acidentes.

Não podemos admitir a existência de algo que não deveria existir. Por admitirem que acidentes de trânsito existem, as pessoas acabam não se empenhando. No momento em que acreditarmos que eles não existem, cumpriremos rigorosamente as leis de trânsito ou investiremos em melhorias viárias.

Os acidentes não diminuem porque achamos que dezenas de milhares de mortes por ano são um fato consumado e inevitável. Eles só diminuiriam se definíssemos claramente que eles não deveriam existir.

Eles acontecem pelas más condições viárias ou dos veículos, ou devido à falta de perícia no volante ou descuido. Basta corrigir esses fatores e os acidentes de trânsito desapareceriam.

Sendo assim, o mal, na dicotomia do bem e do mal, não existe, e eu gostaria que as pessoas compreendessem isso.

Admitir a existência do mal não leva a nada. Não admitindo a sua existência é que conseguiremos resgatar o nosso verdadeiro eu, o nosso verdadeiro modo de ser, e é assim que devemos ser.

"Enquanto dissermos que o pecado existe, ele não vai deixar de existir. O ser humano não é filho do pecado. É filho de Deus, é filho da Luz. Por que não consegue demonstrar tal dignidade?" É isso o que eu questiono.

A Verdade da Vida é sermos filhos da Luz, filhos de Deus, filhos de Buda. Assim, o nosso ponto de partida está aqui.

7. Jesus não morreu para que os pecados da humanidade fossem perdoados

Não sei quem foi o autor, mas o conto do Jardim do Éden afirma: "Por causa do pecado original cometido por Adão e Eva, a humanidade está amaldiçoada para sempre".

Usando-se a terminologia da psicologia, essa é uma ideia típica de um paciente com mania de perseguição. Achar que existe um Deus invisível que persegue o ser humano para sempre é coisa de neurótico. O pecado original não passa de um conceito criado por um neurótico.

Se observarmos o mundo, veremos que existem muitas coisas ruins. O mundo está repleto de coisas que não nos convêm. Por que afinal o mundo é assim? "Ah, é porque o ser humano cometeu o pecado original! Como o homem da antiguidade pecou, a humanidade continua sofrendo até hoje. E por isso nós temos de sofrer. Temos de ser crucificados." É assim que pensa o neurótico.

Há também a ideia de que Jesus foi crucificado para pagar pelo pecado da humanidade. Esse também é um conceito típico de um neurótico com mania de perseguição.

Se Jesus é o filho único de Deus, um importante filho de Deus, Deus jamais o sacrificaria.

Então, quem o sacrificou? Quem o crucificou? Não seriam as pessoas não Iluminadas da Terra? Não seriam as pessoas que desconhecem a Verdade?

O próprio povo crucificou o Messias e agora alega: "O Messias foi crucificado para pagar os pecados da humanidade". Essa inversão de valores é o cúmulo do absurdo.

Se Deus enviou o seu mais querido filho à Terra, por que Ele haveria de perdoar o pecado cometido pelos outros filhos que o crucificaram? Pelo contrário, não perdoaria.

Enquanto tiver esse tipo de pensamento equivocado, as pessoas jamais serão salvas.

Quem crucificou Jesus Cristo foi o coração perdido, ou seja, o pecado, tal qual um embrulho, que encobriu os verdadeiros filhos de Deus.

8. A verdade da vida é o próprio coração de Deus ou de Buda

Pensando cuidadosamente nisso, os seres humanos deverão começar a ter uma consciência mais clara de que a Verdade da Vida é sagrada.

Rever a si mesmo é importante. Rever os atos negativos é importante. Porém, não se iluda achando que pode apagar o passado.

Essa ideia é como derramar um vidro de tinta no chão e achar que basta passar um pano para apagar os vestígios de tinta. Não vai apagar, só vai aumentar a mancha e impregnar mais a tinta. A tinta só mancha porque se pressupõe que o chão seja de madeira. Se se achasse que o chão é de mármore polido, o pecado não ficaria impregnado.

É preciso começar desse ponto. A Verdade da Vida é o eu radiante, é o próprio corpo de Deus ou de Buda.

Eu falei bastante sobre o coração no início. Falei também que é o coração que faz o ser humano se perder. À medida que vai se focando na questão do coração, há quem se perca, fique com o coração dividido e diga: "O bom coração é quem julga o mau coração. E a Iluminação é fruto da satisfação do bom coração que julgou o mau coração". Isso está errado.

O coração também é uma sombra da Verdade da Vida. É algo que entra fundo no ser humano vivo e o domina. O coração em si não é real. Conscientize-se de que o coração também não existe. Esse coração perdido não existe. O coração perdido não é uma existência real.

O que existe no fundo da alma humana é a Verdade da Vida que jamais se perde, jamais se engana. A Verdade da Vida é exatamente igual à essência de Deus ou de Buda. Esse é o verdadeiro coração e ele não se engana. O eu perdido ou o eu que comete pecados não é o coração verdadeiro.

Não se prenda ao coração. Não crie pecados por causa do coração. Não tente julgar o mau coração pelo bom coração. Isso é falso. O verdadeiro coração é o coração de Deus ou de Buda e esse, sim, jamais comete enganos. Não se deixe perturbar pelo coração. Descarte o coração, pense que não existe o verdadeiro coração e desça ao grande solo da Verdade. Desça do cavalo rebelde chamado coração e fique de pé sobre o grande solo da Verdade. Eis o que eu quero transmitir ao ser humano.

O ser humano pensa que o coração é como um cavalo rebelde e se apavora: "Eu tenho que domar este cavalo para me Iluminar", ou "Se eu não acalmar esse cavalo, não vou poder ir para o Céu". Não é possível que a essência humana seja esse absurdo.

O grande solo da Verdade é o coração de Deus ou de Buda. É a essência de Deus ou de Buda. Uma vez entendendo bem que essa essência é você próprio, não haverá mais perdição.

Por não compreender exatamente o verdadeiro eu, você pensa que está montado num cavalo indomável e tenta domesticá-lo. O cavalo indomável não é o verdadeiro eu. Procure descartá-lo.

Desça ao grande solo da Verdade. Não há perdição aí. Caminhe firmemente nesse solo.

A Verdade da Vida é o próprio coração de Deus ou de Buda, e Deus ou Buda é você. O ser humano que não conseguir essa Iluminação vai continuar pensando eternamente na sua própria infelicidade.

Todos os que almejam a religião devem pensar em primeiro lugar: "A minha essência é Deus ou Buda e a Verdade da Vida é o meu ponto de partida". Comece por aqui. O restante vem depois.

Assim, eu quero encerrar a minha conversa de hoje.

Capítulo 3
O Sentido Original do Pensamento Iluminador

Mensagem Espiritual de Masaharu Taniguchi, recebida em 29/10/1986.

1. O pensamento iluminador está na base da prosperidade

Sou Masaharu Taniguchi. Hoje, é o terceiro dia deste encontro e gostaria de falar sobre "O Sentido Original do Pensamento Iluminador". No primeiro dia, falei sobre o meu regresso ao mundo celestial; no segundo, sobre "A Verdade da Vida"; e, finalmente, estamos nos aproximando do cerne da minha Coletânea de Mensagens Espirituais.

A grande obra da vida de Masaharu Taniguchi pode ser sintetizada no Pensamento Iluminador.

O Pensamento Iluminador ou Novo Pensamento, como já foi mencionado, não é uma religião criada por mim no Japão. Muitos filósofos do Novo Pensamento surgiram nos Estados Unidos da América, a começar por Ralph Waldo Emerson.

Desde então, as sementes dessa corrente de pensamento continuam surgindo, inclusive nos Estados Unidos, e ela tem sido o centro do movimento de iluminação da nova era.

No entanto, ao observarmos a atual conjuntura americana, sinto que as religiões em geral estão sem vida. Por que as religiões perderam a vida? É porque nesse país o cristianismo está se degradando e se transformando num ritualismo, deixando de cumprir a sua verdadeira função.

Quando os puritanos fizeram a travessia da Inglaterra para os Estados Unidos, em 1620, no navio Mayflower, eles empreenderam uma grande obra, com muita pureza e um espírito renovador e desbravador do Novo Mundo.

O desejo de construir um Novo Mundo baseado no cristianismo, ou seja, um Paraíso na Terra, era muito puro e inovador, o que levantava o ânimo do povo.

Assim, os puritanos se dedicaram à construção da nova nação com um espírito renovado e muita esperança.

Na época, o cristianismo ainda tinha muita vida e representava uma nova fonte de vitalidade para o povo.

Entretanto, à medida que se criou a instituição da igreja nos Estados Unidos e ela passou a congregar fiéis, o cristianismo infelizmente passou a ser de fato ritualístico.

O verdadeiro sentido do protestantismo era a reforma, a volta à época de Jesus.

Contudo, a corrente do protestantismo iniciada por Lutero e Calvino, quando se instituiu a igreja, infelizmente foi aos poucos perdendo a capacidade de transmitir ao povo o seu verdadeiro papel, a sua verdadeira natureza divina.

Assim, apesar da corrente renovadora do protestantismo, ela foi gradativamente perdendo a força, inclusive na nação americana.

Em meados do século XIX, eclodiu um movimento de reforma para mudar essa situação. Por exemplo, na política, surgiu a corrente da democracia e a reforma política liderada por Lincoln. E havia também a corrente principal, que foi o movimento liderado por Emerson.

O Novo Pensamento é uma filosofia cuja identidade do fundador é muito difícil de definir. Muitos dos seus filósofos surgiram no século XIX, tal como Emerson.

Assim, no início do século XX, surgiram pessoas que começaram a aplicar esse pensamento na busca da prosperidade econômica, como Rockfeller, Henry Ford I e Andrew Carnegie. Esses empresários, fundadores de grandes empresas, mostraram, na prática, a aplicação do Novo Pensamento.

Atualmente, a nação americana é muito próspera e a base dessa prosperidade está, na verdade, no Novo Pensamento.

Assim, essa corrente de pensamento não é um mero conceito abstrato do mundo celestial, é um conceito que procura manifestar efetivamente a prosperidade na Terra.

Deus não impede o ingresso dos ricos no Céu, como foi dito na Bíblia. Deus é uma entidade mais tolerante. Deus ou os Espíritos Superiores, quase divinos, são entidades de grande coração.

Não há como imaginar que esses Espíritos Superiores considerem como verdadeira uma religião que despreze completamente a prosperidade econômica numa sociedade moderna como a nossa.

Na era de Sakyamuni Buda, talvez fosse válido ser simplesmente um pobre monge, mas, na era atual, nesta sociedade altamente industrializada, os religiosos não podem viver como monges pedintes que vivem de oferendas, pois as duas épocas são completamente diferentes.

Não há como uma pessoa Iluminada pregar os ensinamentos ao povo, recolhendo oferendas de casa em casa. Certamente, esse modo de vida seria ridicularizado.

2. A ideologia de Tenko Nishida da instituição Ittoen

Na era Taisho (1912-1926), diversas culturas Iluministas prosperaram em nome da "democracia Taisho", e na mesma época surgiu também um religioso chamado Tenko Nishida. Ainda hoje existe uma instituição chamada Ittoen, embora suas atividades já sejam bastante reduzidas. Na época, o movimento Ittoen foi bastante inovador.

Afinal, de onde veio a ideologia de Tenko Nishida, fundador da Ittoen? Pretendo fazer uma breve análise dessa questão.

Tal como na minha juventude, numa certa época, Tenko Nishida se atormentava muito com o sentimento de culpa. Sendo religioso, ele desejava viver sem precisar explorar ninguém.

Na época, chegava ao Japão a ideologia marxista da Alemanha. Terminologias como "exploração" ou "conflito de classe" estavam começando a se tornar conhecidas no Japão. Tenko Nishida, por se considerar religioso, detestava a ideia de ter de explorar os semelhantes.

Entretanto, por mais que pensasse, não conseguia imaginar como um ser humano seria capaz de viver sem explorar os demais. Como eu já mencionei, o ser humano, para viver, precisa apropriar-se da força alheia, cobrar favores alheios. A vida só é possível graças aos sacrifícios dos outros.

Tenko Nishida, quando jovem, se atormentava muito com essas questões e com as dificuldades financeiras. Ao pedir a ajuda alheia, achava que estava reduzindo a parte do outro e isso lhe causava sofrimentos espirituais.

Certo dia, ele estava vagando por um santuário ou templo — a minha memória já não é precisa —, sem se alimentar por dias, quando se deparou com a cena de um bebê chorando no colo da mãe.

"Por que o bebê chora? Chora para pedir que a mãe o amamente. O bebê inocentemente não faz outra coisa a não ser chorar para pedir o que deseja. Será que o desejo de tomar leite materno é um sentimento de exploração? Seria um desejo de se apropriar de coisas alheias?" Assim, Tenko Nishida ficou a se questionar.

Por mais que pensasse, estava óbvio que se tratava de uma mera manifestação natural do seu sentimento, um desejo natural.

"O bebê que chora pedindo o leite materno faz parte da natureza e não tem intenção de explorar." Assim pensou Tenko Nishida.

Dessa maneira, ele concluiu que o inocente comportamento do bebê que suga o peito materno é absolutamente natural e que a mãe também fica feliz com isso.

"Por que as mulheres têm seios? Para amamentar os filhos. Se não amamentar, o peito da mãe se enche de leite e ela sente dor. Portanto, amamentar um bebê não é ser explorada por ele. É uma atitude natural. Uma pessoa necessitada e outra que deseja doar nutrem uma à outra e tornam-se unas naturalmente."

Ao ver aquela cena, Tenko Nishida atingiu tal Iluminação.

Naquele momento, ele viu um punhado de arroz espalhado no altar do santuário. Lentamente, recolheu-o nas palmas das mãos.

"Não tenho sequer um vintém, mas por acaso encontrei esse arroz espalhado no altar. Se eu comesse esse arroz, que mal causaria?" Assim ele pensou.

Levou o arroz até a cozinha da casa de um conhecido e pediu: "Por gentileza, poderia me emprestar a cozinha para preparar esse arroz? Há três dias que nada como". Assim, ele comeu o punhado de arroz.

A dona da casa ficou admirada e disse: "Já que você é uma pessoa tão zelosa com as coisas, não gostaria de trabalhar aqui?"

Por meio desses acontecimentos, Tenko Nishida foi adquirindo gradativamente a Iluminação.

E, um dia, ele pensou em fazer "trabalho voluntário".

"Eu nada tenho, mas posso fazer trabalhos voluntários."

Primeiramente, ele começou a varrer o pátio dos santuários e templos. Sem nada pedir em troca; simplesmente varria.

De repente, encontrou o dono de uma loja: "Você deve estar com fome. Coma este macarrão".

Apesar de nada possuir, nem um vintém sequer, não havia como ele morrer de fome.

Assim, ele avançou na sua Iluminação. Descobriu que "quando pratica trabalhos voluntários, o ser humano recebe ajuda alheia sem precisar extorquir ninguém".

Foi realmente uma descoberta que registrou: "Fartura inesgotável sem dinheiro".

O ser humano tem medo de morrer de fome e procura estocar alimentos e bebidas, ou faz uma poupança no banco para se precaver. Tudo isso pelo receio de um dia perder o emprego e ficar sem renda.

Tenko Nishida descobriu que "o ser humano é protegido pelo pai do Céu e não precisa se preocupar com nada".

O pai do Céu é o Sol e ele o chamava de "Luz".

"Graças à Luz, podemos viver." Assim, ele praticou pelo resto da vida o estilo "Fartura inesgotável sem dinheiro".

Todos os discípulos do Ittoen viviam em função do trabalho voluntário. Quando chegava a hora, eles iam para o centro de Kyoto, entravam nas casas e diziam: "Somos da Ittoen, permita-nos limpar o banheiro" ou "Podemos varrer o quintal?"

Eles chamavam a isso de "trabalho humilde", um estilo de vida à base de oferendas, em que eles praticavam de modo voluntário atividades que as pessoas não gostavam de fazer.

Os trabalhos voluntários da Ittoen eram muito famosos.

De acordo com Tenko Nishida, enquanto estiver praticando o trabalho humilde, o ser humano não precisa se preocupar com o "pão nosso de cada dia", pois é o pai do Céu quem o alimenta.

3. Não se engane quanto às necessidades da nossa época

Atualmente, a Ittoen não é próspera.

Por que ela não prosperou? É porque lhe faltam conceitos necessários para a era contemporânea.

Na época de Sakyamuni Buda, talvez aquele estilo fosse adequado. Talvez, bastasse perambular recolhendo comida, ou receber oferendas fazendo orações e curando as doenças.

Mas, na era atual, esse estilo de vida só seria viável para alguém muito especial, que tivesse renunciado à vida social. Não seria viável para alguém que tivesse um trabalho profissional.

Não há como um profissional que trabalha numa empresa viver fazendo faxina no banheiro da casa dos outros. Ainda mais numa civilização avançada como a de hoje, em que as instalações hidráulicas são tão sofisticadas. Os banheiros são muito mais fáceis de limpar. Aquele tipo de trabalho humilde já não é tão necessário. O mesmo acontece com o trabalho de jardinagem. As condições habitacionais são cada dia piores e um número cada vez menor de pessoas tem jardim em casa. Assim, aquele estilo de vida já não serve mais, e vejo que não devemos nos enganar com relação às necessidades da nossa época. Por mais que os sentimentos humanos não mudem ao longo do tempo, a sua forma de manifestação é outra. É preciso pensar, portanto, nas necessidades da nossa época.

A era de Sakyamuni Buda era cheia de guerras e as contradições sociais do regime de casta se afloravam, diferentemente da era moderna, em que há igualdade sem estratificação social. Qualquer pessoa, independentemente da origem familiar, é capaz de escrever o seu destino de acordo com seu próprio esforço e talento.

Numa era como esta, a sociedade não precisa mais de monges pedintes nem de voluntários que façam faxina em banheiros ou em santuários, sem que ela seja solicitada. Certamente, deve haver algo mais importante a fazer.

4. Seja você a prova de que "os justos prosperam"

E o que seria esse algo mais importante? Seria mostrar às pessoas atitudes que estejam de acordo com a vontade de Buda ou de Deus no mundo de hoje.

Há um sentimento popular de que o mal prospera, ou seja, de que "neste mundo, os honestos levam a pior e os desonestos prosperam".

Entre os cristãos, há a ideia de que a pobreza é uma coisa boa. Há ainda a ideia da glorificação da dor. Na era contemporânea, se a pessoa continuar a clamar "Ó Deus, dai-me a dor, dai-me a cruz para carregar", certamente será deixada para trás.

Até mesmo no budismo, os monges pedintes do passado já se tornaram guardiões de templos, visitam os fiéis de lambreta, de casa em casa, cobram oferendas de milhares de dólares ou fazem inscrições do nome budista em placas, para cobrar uma oferenda de dezenas de milhares de dólares. Assim, eles administram o negócio.

Aliás, o sistema de concessão do templo está mudado atualmente: a matriz empresta o nome aos templos locais e cobra destes a taxa anual de milhares de dólares.

É realmente muito degradante. Certamente, há uma preocupação em garantir o lucro da instituição, mas nenhuma atenção às necessidades do povo.

Hoje em dia, o budismo não faz nada além do cerimonial de enterro. O verdadeiro sentido da religião está perdido, pois ela se fossilizou. Com certeza a função do budismo não é apenas ministrar culto de enterro; o caminho do xintoísmo japonês não é apenas rezar no santuário Meiji no ano-novo; o desejo do Deus Amaterasu-omikami não é apenas que o povo faça romarias até o santuário Ise, no ano-novo.

Essas religiões meramente ritualísticas e também as que praticam o movimento fundamentalista são, por natureza, contraditórias.

Então, qual é o conceito importante para nós, que pensamos na religião? Certamente, é comprovar que os justos prosperam. É fundamental que as pessoas que vivem de acordo com a vontade de Deus conquistem também a felicidade neste mundo e sirvam de prova para os demais.

5. Resgatar o carma não é a nossa única missão nesta encarnação

Para aqueles que pensam que este mundo é uma penitenciária, a infelicidade pode ser fruto da fé religiosa. Contudo, eu não penso que o mundo terreno da terceira dimensão seja uma penitenciária ou uma cadeia.

Há quem pense que este mundo é uma penitenciária onde se paga compulsoriamente pelo carma. Quem pensa assim dificilmente consegue conquistar a prosperidade.

De fato, existe a lei do resgate do carma, como diz o budismo. É verdade que o carma ou as causas de vidas passadas acabam se manifestando nesta encarnação e que cada um escolhe o seu tipo de vida em função disso.

Entretanto, não podemos nos esquecer de que a nossa missão nesta encarnação não é apenas resgatar o carma. A nossa missão é nos aprimorarmos num novo ambiente e buscarmos um maior desenvolvimento.

Sendo assim, o que as pessoas devem fazer nesta encarnação?

Será que um discípulo de Buda que encarnou há 2500 anos juntamente com Sakyamuni Buda andaria por aí como pedinte, coletando comida, como fazia naquela época? Certamente que não. O que ele pensaria então nesta encarnação?

Eu gostaria de pensar no que Sakyamuni Buda pensaria se encarnasse na era atual. Será que abandonaria o lar para praticar os exercícios ascéticos da meditação zen, numa caverna, em jejum, magérrimo, para depois se Iluminar tomando um mingau oferecido por uma camponesa da região? Certamente que não.

Provavelmente, para se Iluminar nesta encarnação, Sakyamuni Buda pensaria em "que ensinamento pregar para que o maior número possível de pessoas pudesse ser feliz no mundo moderno". Certamente, ele não diria para os assalariados abandonarem o trabalho para prestar serviços voluntários de faxina.

E, então, o que ele diria nesta encarnação? Diria, "Valorize a sua posição social, aprimore a sua alma ao máximo e se empenhe em fazer deste mundo uma Utopia, o Reino de Buda".

6. As leis da prosperidade de que a era contemporânea precisa

Então, como fazer deste mundo um Paraíso de Buda? É nisso que temos de pensar.

Para fazer deste mundo um Paraíso de Buda, é fundamental que as pessoas de retidão prosperem nas suas funções dentro da sociedade.

Atualmente, a sociedade está bastante avançada. Acabaram-se os castelos do passado, que foram substituídos por empresas. Em geral, os profissionais, tanto homens como mulheres, ficam na ativa de trinta a quarenta anos. Ou seja, passa-se a maior parte da vida dentro do ambiente de trabalho.

A questão é como viver dentro das organizações empresariais. O ideal é "elevar a alma, aperfeiçoar a personalidade, obter a ascensão social e ser alguém capaz de influenciar muitos outros". É assim que eu penso.

Os religiosos de um passado recente achavam bom não ter nenhum tipo de desejo e, nesse sentido, não viam nenhum sentido no trabalho assalariado. Valorizavam as práticas ascéticas como a meditação zen nos retiros de finais de semana ou o yoga nas academias. A única finalidade do emprego era o salário.

E qual foi a consequência desse tipo de pensamento? Os estudiosos da Verdade passaram a ser marginalizados nas empresas, nas quais somente pessoas materialistas e ávidas por poder têm chance de progredir. Penso que isso não pode acontecer.

O que precisamos agora são as "Leis dos Laicos". O estilo de vida que se espera é o de alguém que vive como um ser humano normal e ao mesmo tempo busca a prosperidade de Deus e o desenvolvimento espiritual. É o que eu sinto fortemente.

Considerando que, no caso dos leigos, o trabalho na sociedade é considerado inevitável e os exercícios ascéticos não visam à ordenação, os ensinamentos mais necessários estão relacionados às "Leis do Desenvolvimento" e às "Leis da Prosperidade". É assim que eu penso.

Eu prego a importância do crescimento não porque fui presidente da Seicho-no-ie[2]. Independentemente disso, eu acho que o ser humano deve crescer infinitamente e é um ser em constante crescimento.

Se não é um eterno aprimoramento ascético, qual seria o motivo de reencarnarmos inúmeras vezes? Qual seria o sentido de reencarnamos, vivermos maculados de impurezas e criarmos mais carmas a cada encarnação?

Afinal, o ser humano não encarna só para sofrer neste mundo. Encarna para elevar a espiritualidade e a personalidade.

Uma vez encarnados no mundo da terceira dimensão, não podemos desprezar as condições deste mundo. A felicidade não está no Paraíso Celestial. A felicidade não consiste em rezarmos e retornarmos ao Paraíso Celestial. A felicidade consiste em nos desenvolvermos neste mundo e conquistarmos a autorrealização como filhos de Deus.

7. O *pensamento iluminador* é um meio para ser alguém próximo de Deus

É aqui que surge a grande Verdade descoberta tanto no Ocidente como no Oriente. O Pensamento Iluminador é a grande Verdade.

---
2. Seicho-no-ie significa literalmente "A Casa de Crescimento da Vida" (N. E).

O Pensamento Iluminador representa a "luz resplandecente".

Naturalmente, a Luz de Deus é resplandecente. Evidentemente, não é nada tenebroso nem úmido. Os objetos embolorados que ficam nos altares dos templos antigos nada têm a ver com a luz.

Embora os religiosos tenham uma tendência para se fecharem em recintos úmidos e cheios de mofo, o recolhimento em cavernas não representa a Verdade do mundo moderno.

A luz é clara. Como chamá-la de luz se não há claridade?

O que é a luz? A luz é a natureza de Deus.

Chamamos de "deus" geralmente as divindades personificadas de diferentes religiões da era contemporânea. Na verdade, trata-se de Espíritos Superiores próximos a Deus, Espíritos desencarnados que viveram na Terra.

Ninguém jamais viu o Deus autêntico. Eu mesmo nunca vi.

Os deuses do xintoísmo, como Ameno-Minakanushi-no-Kami, Amaterasu-Omikami ou Izanagi-no-Omikami, não são verdadeiros Deuses. Somos deuses no sentido de estarmos acima do povo, mas não somos deuses no sentido do Deus Criador do Universo.

Por exemplo, Ameno-Minakanushi-no-Kami encarnou há cerca de 3000 anos; Amaterasu-Omikami, idem. Portanto, eram deuses no sentido de estar acima do povo.

E quem seria o Deus Fundamental? Não podemos ver, ouvir ou tocar o Deus Fundamental. De qualquer maneira, quanto mais elevada for a entidade, mais sensação de proximidade com Deus ela terá. A percepção de Deus é possível.

Quanto mais elevada for a entidade do mundo superior, mais luz ela terá. Esse é o fundamento da dedução de que Deus é luz.

Da quarta para a quinta dimensão, da quinta para a sexta, da sexta para a sétima e da sétima para a oitava... quanto mais elevada for a dimensão, mais estaremos próximos de Deus e repletos da luz de Deus. A intensidade da luz aumenta.

À medida que nos tornamos uma entidade de dimensões superiores, vamos perdendo o corpo físico e nos transformando em luz. Sabemos que o nosso corpo espiritual é simplesmente um aglomerado de luz, a luz propriamente dita. Restam poucas características humanas.

Até praticamos revisões das ações diárias sob a ótica e a percepção humana, mas já não temos mais o hábito de nos alimentarmos. Até somos capazes de sentir os membros superiores e inferiores, mas não cremos mais tê-los.

Masaharu Taniguchi já é luz, personificação de luz, entidade de luz.

À medida que vamos nos tornando uma entidade superior, adquirimos a consciência de que Deus é luz.

E uma característica da luz é a claridade.

Esse é o sentido do Pensamento Iluminador, que é um método para que o ser humano se torne uma entidade próxima a Deus.

Afinal, por que os seres humanos da Terra praticam os exercícios de aprimoramento ascético? O objetivo do aprimoramento não seria evoluir para se tornar um espírito superior? A razão da reencarnação cíclica eterna também não estaria nos exercícios ascéticos da alma? O objetivo do aprimoramento da alma não seria se aproximar de Deus, aproximar-se dos espíritos superiores divinos?

E à medida que nos aproximarmos de espíritos superiores, mais intensa será a luz. Portanto, os exercícios ascéticos dos seres humanos também devem ser uma jornada rumo à luz. Ou seja, a vida da pessoa deve ser cada vez mais radiante.

8. Como manifestar a luz no nosso corpo

Bem, então, como deve ser a vida humana na Terra para que você manifeste no seu corpo a luz?

Em primeiro lugar, é preciso reconhecer que você é um filho de Deus.

O ser humano acaba se tornando tal qual ele pensou ser. Se você mesmo não acredita que é filho de Deus, nem sei como será. Enquanto tiver uma visão de vida tal qual o materialismo histórico, vendo o ser humano como um amontoado de barro ou argila, a dignidade da alma estará perdida.

Em primeiro lugar, somos filhos de Deus. Tudo se inicia aí.

Em segundo lugar, devemos viver rumo à luz diariamente, uma vez que somos filhos de Deus. E como seria isso? Se o nosso coração é uma manifestação da imagem de Deus, então devemos preenchê-lo diariamente com a ideologia do Pensamento Iluminador.

E, em terceiro lugar, como prova de estarmos vivendo de acordo com a ideologia da luz, devemos ser cada vez mais radiantes, e o nosso entorno cada vez mais claro. Ou seja, temos de ser felizes. Essa é a comprovação, essa é a prova.

Assim, em primeiro lugar, acreditar que somos filhos de Deus. Em segundo lugar, preservar sempre no coração a filosofia da luz. E, em terceiro lugar, compartilhar uma vida feliz e iluminada com todas as pessoas próximas. Esse é o estilo de vida iluminada de luz.

Hoje, eu falei sobre a Essência do Pensamento Iluminador. Essa filosofia não é mero expediente de expressão, é uma jornada de regresso ao Deus Fundamental, é a própria característica de Deus. Ela não é apenas uma filosofia, é a Essência de Deus, é Deus em si. Isso é o Pensamento Iluminador.

Assim, encerro a mensagem de hoje.

Capítulo 4

A natureza do ser humano, filho de Deus

1. Iluminando-se para a sua missão

Sou Masaharu Taniguchi. Hoje, eu pretendo falar sobre "A Natureza do Ser Humano, Filho de Deus".

Em suma, uma pessoa não é nada mais nada menos do que ela própria pensa ser, ou seja, ela é exatamente o que pensa ser, nada mais nada menos.

Portanto, existem diversas maneiras de se pensar sobre si mesmo, e quem você de fato é depende da sua própria conclusão ou resposta.

Por exemplo, no meu caso, existe uma pessoa chamada Masaharu Taniguchi. De que maneira desabrochou a vida dessa pessoa? Tudo começou quando ela se iluminou para a sua missão na vida.

Desde que nasci, sempre tive um corpo frágil, doentio. Por natureza, fui uma pessoa fraca, que sofria de problemas gástricos a cada vez que me alimentava. Apesar de tudo, vivi quase 92 anos e consegui realizar três a quatro vezes mais trabalhos do que uma pessoa normal.

Não se trata de arrogância ou presunção, mas, ao rever a minha vida, acredito sinceramente que realizei três a quatro vezes mais trabalhos que as outras pessoas. E fui agraciado com a longevidade.

Revendo tudo que fiz, chego à conclusão de que a minha vida foi exatamente igual à imagem que eu sempre tive de mim mesmo.

Desde os 20 anos, almejei ser religioso, realizei exercícios ascéticos espirituais na seita Oomoto e outras e também exercícios psíquicos. Estudei também as filosofias correlatas.

Apesar dos esforços, aos 30 anos, o meu destino ainda não estava desbravado. De emprego em emprego, chegou a faltar o pão de cada dia.

Houve também épocas em que, desempregado, fiquei durante um mês praticando oração e meditação shinsokan, pedindo por um emprego. Enquanto orava, vi um anúncio de emprego para tradutor sênior de inglês. Houve épocas em que consegui trabalho assim.

Até mesmo no meu caso, precisei passar por essa fase de espera paciente, que durou mais de dez anos.

Foi quando tinha 36 ou 37 anos que comecei a ter uma clara consciência do meu caminho.

Na ocasião, eu era funcionário de uma empresa multinacional.

O meu trabalho principal era traduzir materiais estrangeiros. Masaharu Taniguchi, como tradutor ou assistente administrativo, não era tão competente. Era uma pessoa fraca, que descarregava na esposa as broncas que recebia do chefe.

Trabalhando nas traduções e elaborações de documentos, de costas para a janela, eu vivia pensando: "Será que este é o trabalho vitalício de Masaharu Taniguchi?" Ao refletir profundamente sobre essa dúvida, na maioria das vezes a resposta era "Não!"

Por anos eu vivi nessa agonia.

Apesar de desejar me lançar como líder religioso, salvar e doutrinar o povo, esse caminho não se abria e eu consumia todo meu tempo no sustento do dia a dia.

Eu tive, sim, um período como esse na minha vida.

Portanto, eu gostaria que todos lembrassem que eu também tive essa fase improdutiva e assim se conscientizassem de como são importantes a missão e o objetivo da vida.

Na vida, existe aquela fase em que ficamos perdidos no caminho e não conseguimos encontrar o que desejamos. O importante é não desistir. Se cedermos às pressões da vida, tudo estará perdido.

Se eu me conformasse como tradutor, certamente a minha vida estaria encerrada nesse momento. Se eu pensasse "Se chegar ao cargo de gerente ou gerente geral está bom ou, se os demais chegarem a gerente, estarei realizado como gerente geral", certamente esse seria também o caminho da minha vida.

De repente, pode haver alguém que ganhe na loteria e cumpra com correção a missão da sua vida, mas tem que ser alguém muito bom e que receba orientações diretamente dos anjos guardiões ou guias.

O ser humano Masaharu Taniguchi foi um simples mortal, que não conseguiu viver puro de coração a ponto de receber inspirações angelicais para trilhar a vida conforme o planejado. E isso vale também para as pessoas em geral.

2. Primeiramente, tenha um pensamento e persista nele

Como já foi dito, o ser humano é fruto do seu próprio pensamento. Você é quem deseja se tornar.

Quem desenha no coração uma imagem vil de si mesmo acaba se tornando alguém ruim, ou seja, entrará no caminho da marginalidade. Quem se inflama com a ideia de evolução, terá mais probabilidade de trilhar o caminho da evolução.

Se eu me tornei um líder religioso, é simplesmente porque eu pensei em sê-lo. O ponto de partida é o pensamento.

Mesmo querendo ser algo, não se consegue isso de imediato. Começa-se garantindo o próprio sustento, ganhando um salário, cuidando da família. Por muitos anos, Masaharu Taniguchi ficou entre a cruz e a espada, entre o ideal e os problemas da vida.

São muitos os que vivem ainda hoje na mesma encruzilhada. Certamente, muitos dos leitores ainda vivem "empacados" nesta vida, sem conseguir explorar todo o seu potencial, apesar de estarem encantados com o mundo espiritual, o mundo real.

Um conselho a estas pessoas: "Em primeiro lugar, é fundamental acalentar o ideal a ser atingido. Eis o ponto de partida de tudo. Sem isso, nada se inicia".

Sem definir o ideal a ser atingido, que significado pode ter o sucesso ocasional? O que a alma evoluiria com o sucesso casual?

Eu penso que não há como aprimorar a alma e crescer com um sucesso assim. Você pode, por obra da sorte, ganhar muito dinheiro ou ser promovido devido à morte repentina de alguém, mas o verdadeiro aprimoramento ascético da alma não é obtido dessa maneira.

Em primeiro lugar, devemos mentalizar o ideal a ser atingido. Depois, será preciso tempo para se chegar lá. As coisas não acontecem logo após o pensamento. O divisor de águas será o modo como você vai passar esse intervalo de tempo.

Em geral, as pessoas até conseguem definir o pensamento, mas 99% delas não passam pela etapa seguinte, que consiste em aguardar o intervalo de tempo entre a decisão e a realização.

Esse tempo pode ser de um, dois ou três dias, dez a vinte anos ou até mesmo uma vida toda.

Não há como o ser humano saber quanto tempo isso demora, pois isso está sob a supervisão dos espíritos guardiões, dos Espíritos Guias e de Deus.

E como viver o período entre a decisão e a realização? Como resistir ao tempo? Eis a provação da vida. Tanto no Ocidente como no Oriente, são infindáveis as pessoas que desistem por não conseguir esperar.

Na infância, as pessoas acalentam o sonho de um dia se tornar presidentes da nação, reitores ou catedráticos de universidades, ou o maior artista do país. Ou têm esperança de ser um grande escritor como Soseki Natsume.

Porém, essa esperança na maioria das vezes não passa de um desejo momentâneo ou de uma redação escolar de duas a três páginas com o título "Meu Sonho".

A autorrealização dessas pessoas não passa de desesperança. Não basta pensar por um instante, é preciso ter continuidade.

O pensamento é uma força real no mundo celestial. O pensamento é também uma ação. Mas, no mundo terreno, nem sempre isso é verdade, pois existem muitas barreiras físicas para que um pensamento se materialize.

E o tempo vai depender da continuidade ou da proximidade entre o pensamento e o resultado.

Portanto, além de pensar, é essencial persistir no pensamento.

3. Refletindo sobre a legitimidade do pensamento

Contudo, eu identifico um problema no ato de persistir no pensamento. O ser humano, principalmente na era contemporânea, por não ter aprendido a Verdade, se esqueceu do pensamento correto, o pensamento em conformidade com a vontade de Deus.

"Dinheiro é tudo", "Sucesso é tudo", "Tudo o que me importa é conquistar aquela mulher"... Por mais que se pense continuamente assim, esse tipo de pensamento não é legítimo. Isso é apego. Há uma grande diferença entre o apego e o pensamento que se coaduna com a vontade de Deus.

Um exemplo prático é a questão do namoro. Fico um tanto constrangido ao abordar o tema da paixão na minha idade. De qualquer maneira, não há quem não se apaixone por alguém do sexo oposto depois de encarnado como ser humano.

Eu também, antes de me casar com a minha esposa, me identifiquei com algumas mulheres. Por algumas vezes, cheguei a pensar, "Quero me casar com essa mulher". A expressão é feia, mas cheguei até a pensar, "Quero ter essa mulher a qualquer custo". No entanto, tais desejos não se concretizaram. Ainda bem!

Não há como um ser humano se casar com várias mulheres ou homens ao mesmo tempo. Geralmente, só se permite que ele se case com uma só pessoa.

Até pode haver exceções à regra, quando se pode casar com mais de um homem ou uma mulher, visando um aprimoramento da alma, mas se trata de exceções. Normalmente, só nos comprometemos em casar com uma pessoa. Esse compromisso foi firmado no mundo celestial antes de nascermos.

Antes de se encontrar com esse alguém, você pode conhecer muitas pessoas e gostar de muitas delas, mas essas paixões não vingam.

Apesar de não vingarem, se você tentar forçá-las usando o poder mental, esse desejo acaba se transformando em apego. O apego também é uma força que pode realizar o seu desejo e fazê-lo conquistar a outra pessoa. Contudo, o resultado final é a infelicidade de ambos.

Digamos que uma pessoa acabe se encantando com a beleza da outra e case com quem não deveria. Como consequência, a desarmonia no lar pode ser uma constante.

A paixão é um exemplo prático de pensamentos que nem sempre devem ser concretizados.

Portanto, apesar de tudo começar pelo pensamento, é preciso refletir profundamente sobre a legitimidade desse pensamento. Sendo legítimo, ele deve ter continuidade e ser concretizado, pois essa é uma autorrealização digna de um filho de Deus.

4. A mentalização estimula o coração das pessoas que se encantam com ela

Vamos continuar falando sobre o tema persistir no pensamento.

No mundo moderno, fala-se muito nas leis da autorrealização, principalmente no Ocidente. Existem muitos livros que falam das leis do pensamento, da ciência da mente e do poder mental, e são muitos os pensadores conceituados nessa linha. De fato, com persistência é possível materializar o pensamento.

Vamos agora explicar por que persistir num pensamento leva à sua concretização.

Persistir num pensamento significa fazer uma mentalização, transmitir uma ideia a partir do corpo.

O que significa transmitir uma determinada mentalização durante 24 horas por dia, sete dias da semana, trinta dias do mês, 365 dias do ano?

O ser humano é capaz de entender o outro mesmo sem uma comunicação oral. Trata-se da transmissão do pensamento. Você capta a ideia transmitida pelo outro.

Isso acontece principalmente entre duas pessoas que se gostam. Basta que se olhem nos olhos para se entenderem ou, nem precisam se olhar; basta que uma veja a outra de costas para saber o seu estado psicológico. Assim, a comunicação entre duas pessoas que se amam ocorre telepaticamente, fortalecendo a sintonia e o vínculo entre elas.

Desse modo, podemos ver na prática que os sentimentos e as ideias são transmissíveis.

E então o que aconteceria se você irradiasse uma ideia 24 horas por dia? Diferentemente de um disco que, ao ser lançado, chega no máximo a uma distância de oito a dez metros, a força mental é como ondas eletromagnéticas que percorrem o mundo todo. Digamos que você persista na ideia de abrir uma grande empresa e se tornar seu presidente. Essa ideia seria transmitida ao mundo todo, durante 24 horas por dia. Então, como na telepatia, alguém capta essa onda mental. Geralmente, trata-se de alguém com características mentais semelhantes às suas.

Enquanto existir pessoas que almejam iniciar um empreendimento, haverá também outras que desejam ajudar pessoas com essa intenção. É esse tipo de pessoa que vai se sintonizar com aquela onda mental transmitida.

Assim, as pessoas que estão na mesma sintonia acabam se atraindo e se encontrando, tornando-se parceiras por acaso.

O mesmo ocorre na religião. Se uma pessoa pensa em criar uma nova religião e transmite essa ideia durante 24 horas por dia, companheiros começam a se agrupar em torno dela e a engrenagem começa a girar.

Por exemplo, vocês acabaram de iniciar a Happy Science. Ela se iniciou dentro do coração de uma ou duas pessoas, certo? Havia uma ou duas pessoas que acalentavam a ideia de transmitir a verdade.

Quando se transmite essa ideia o dia todo, essa onda acaba chegando ao coração de alguém que trabalha numa editora e a ideia se concretiza em forma de publicação de livros. Com os livros, a ideia transmitida acaba tocando o coração de muitos leitores e agregando inúmeras pessoas encantadas pelos livros.

Estranhamente, há também aqueles que não se sensibilizam com as mesmas ideias. Por mais que Masaharu Taniguchi transmita as mensagens em forma de coletâneas, há quem não se sintonize com elas. Essas pessoas nós chamamos de "povo sem elo". Mesmo que as ideias sejam transmitidas, se não houver um receptor elas não serão captadas.

Basta pensar no rádio ou na TV para entender. Mesmo que as emissoras transmitam um programa, se não tiver um aparelho de rádio, você não pode sintonizá-lo. Mesmo tendo um aparelho rádio, se não ligá-lo, não terá como ouvi-lo. Mesmo ligando o rádio, se não sintonizar a frequência certa, também não poderá ouvi-lo. É isso o que ocorre.

E mesmo que, por acaso, sintonize a frequência certa e ouça o programa, se não tiver afinidade com o

A NATUREZA DO SER HUMANO, FILHO DE DEUS   93

assunto, a pessoa não o ouvirá. Ela captará o som, mas esse som não ficará guardado no seu coração, pois ela estará ocupada com outras coisas.

A mentalização está circulando pelo mundo todo, estimulando as pessoas que se sintonizam com a mesma ideia.

Assim, quando se persiste numa ideia, pessoas que se afinam com ela se agrupam e se inicia um movimento. Todas as pessoas que desejam a autorrealização precisam de uma relação de parceria. Se não houver essa relação para que criem juntas, nada será bem-sucedido.

Há quem discorde, dizendo "Não, uma obra de arte pode ser criada por uma só pessoa". Por exemplo, para se escrever uma poesia, basta um poeta.

Entretanto, essa poesia guardada na gaveta não terá nenhum valor. Para se provar que é uma boa poesia, é preciso que muitos a leiam e fiquem comovidos. Só assim ela será uma verdadeira poesia.

São muitos os poetas deste mundo, inclusive alguns consagrados pela história. Contudo, a grande maioria continua no anonimato.

É possível que muitas poesias que ninguém teve a oportunidade de ler num livro tenham sido realmente maravilhosas. Se o poeta as guardou na gaveta por se achar medíocre, a humanidade não tem como conhecê-la e consagrá-la para a posteridade.

Isso acontece porque não houve por parte do poeta a mentalização: "Que poesia excelente! Quero que seja lida por todos. Quero que o mundo a conheça. Quero nutrir o coração do povo com essa poesia".

Portanto, mesmo que seja possível escrever uma poesia sozinho, se ela não for "colocada no ar", não será transmitida. Mesmo que se escreva uma excelente poesia, se não for transmitida ao coração dos leitores por meio de uma boa editora, ela não terá sentido.

Assim, para ser bem-sucedido na vida é preciso acalentar e transmitir boas ideias. Em outras palavras, é preciso preservar, manter ou acalentar ideias continuamente. Só assim você vai estar um passo mais perto da realização do seu pensamento.

5. Esperar orando

Ao longo do caminho, muitas dificuldades podem surgir, e os fracassos costumam acontecer nessa fase.

Suponhamos que você queira mostrar a sua poesia ao mundo e acredite que ela deva ser lida por todos. Então, você a mostra a um amigo e ele diz "Que linda poesia! Você deve publicá-la e mostrá-la ao mundo". Isso é um sinal de que a sua vibração mental encontrou sintonia.

Dando continuidade ao seu pensamento, você leva a poesia para uma editora e o editor diz: "Hoje em dia, esse tipo de poesia não cativa o público. A moda são poesias abstratas e incompreensíveis. Poesia que qualquer um entende, ninguém compra".

Eis uma encruzilhada da vida. Em geral, as pessoas desistem nesse momento. Mais de 50% das pessoas, ou melhor, de 70 a 80% das pessoas desistem. Porém, o sucesso ou o insucesso na vida vai depender da continuidade da mentalização. Essa é a prova de que você realmente acredita na sua poesia.

O fato de a editora ter recusado a sua poesia, mostra que o receptor não estava em sintonia com a sua transmissão. O receptor queria ouvir transmissão FM, mas você estava transmitindo outro tipo de onda. Não há como o outro captar.

Contudo, é possível que haja alguém capaz de captar a mentalização transmitida. Não desista e continue acalentando a sua ideia no coração. Aguarde até que apareça alguém capaz de captá-la. Isso é fundamental. A isso chamamos de oração.

Aguarde orando. E o essencial é não se afobar.

Se fracassar uma vez, tente novamente. Se uma editora recusar a sua poesia, tente a segunda, a terceira, a quarta e assim por diante. Mas nem sempre isso é bom.

Também é preciso ter um pouco mais de confiança em Deus ou em Espíritos Superiores.

O fato de não ter dado certo da primeira vez não significa necessariamente que a sua poesia seja ruim. Talvez não tenha chegado o momento de publicá-la. Até mesmo quando há uma editora interessada, o momento pode não ser o melhor.

Por exemplo, digamos que o mundo celestial já saiba que essa poesia vai ser um sucesso e que cairá nas graças do público. Entretanto, o poeta não acredita no seu potencial e não escreveu ainda uma quantidade suficiente de poesias. Nesse caso, está lhe faltando preparo, e os Anjos Guardiões e Guias chegam à conclusão de que pode haver problema caso a poesia seja lançada no cenário nacional. Aí, os anjos nada fazem para evitar o fracasso temporário.

Neste ínterim, o poeta continua se inspirando com novas ideias e continua escrevendo. Assim, passa-se meio ano ou um ano.

Certo dia, surge um amigo que diz, "Leve as suas poesias para meu amigo, que vou lhe apresentar". Chegando lá, você recebe muitos elogios "Que lindas poesias! Eu quero publicá-las".

A essa altura dos acontecimentos, você já tem uma coleção suficiente de poesias. A editora lança a primeira coletânea e, se for bem aceita, pode lançar a segunda e a terceira. Por fim, você chega à conclusão de que foi bom não ter se afobado.

As pessoas esperam resultados imediatos nas orações, mas nem sempre é bom ter resultados rápidos. O sucesso prematuro pode destruir a pessoa. E a afobação excessiva muitas vezes leva ao fracasso.

Sendo assim, se estiver acalentando e iniciando a transmissão de boas ideias, basta esperar e continuar transmitindo.

Mesmo que você fracasse num desafio, não tente repetir a mesma coisa ansiosamente. Tranquilize-se enquanto ora aos Espíritos Guardiões e aos Guias para concederem o resultado na hora certa e na dose certa.

Grandes resultados só surgem quando se consolida o espírito da paciência.

Eis o segredo da vida. Nem sempre é bom conquistar o sucesso antes dos outros.

6. Seja um cisne que flutua na água

Isso vale também na carreira profissional. Há quem consiga ser promovido antes dos outros. Digamos que a pessoa tenha conseguido se tornar gerente dois anos antes dos seus colegas de empresa e isso faça dela uma pessoa arrogante. A promoção aconteceu graças à agilidade do processo burocrático, mas, se ela não for um gerente competente, pode acabar estagnada nesse cargo.

Uma outra pessoa se torna gerente dois anos depois. Nesse meio-tempo, ela buscou o aprimoramento espiritual e, graças a isso, ao assumir o cargo de liderança, conseguiu orientar bem a equipe. Assim, reconhecida pela sua capacidade de liderança, conquista um cargo na diretoria e depois a presidência. Isso é perfeitamente factível.

Isso só foi possível porque ela não se afobou, não poupou esforços e nem se decepcionou por não ter conseguido o sucesso precocemente.

Se, em vez disso, ficasse magoada com a promoção do colega, falasse mal dele, não se empenhasse no trabalho e puxasse o tapete dos companheiros, certamente encerraria a sua carreira sem ser promovida sequer para o cargo de gerente.

Em suma, não devemos nos esquecer de que o tempo faz parte do plano celestial. Como os seres da Terra não têm acesso a esse plano, o importante é ter uma postura de dedicação contínua.

Seja como o cisne que flutua na água. Aparentemente, ele flutua sem esforço sobre a superfície do lago, mas, se você olhar embaixo da água, verá que as suas patas movimentam-se continuamente. Olhando de fora, você não enxerga esse movimento e tem a impressão de que ele está passeando tranquilamente sobre a água. E não é nada disso.

Em tudo é assim. O importante para os viventes da Terra é deixar o tempo por conta dos Espíritos Guardiões e dos Guias. Não se deve agir por tentativa e erro, aplicando as diversas técnicas de autorrealização. Aja com tranquilidade.

Um coração inabalável é imprescindível nessa fase. Não desista só porque fracassou uma ou duas vezes. A expressão "Levanta e sacode a poeira" representa bem esse espírito. Aprimore o coração, se fortaleça e siga adiante.

Para desbravar o caminho da vida é preciso se empenhar positivamente, dentro das suas possibilidades, e deixar o tempo por conta das entidades celestiais.

Pessoas que pensam e agem assim conseguem encontrar a sorte repentinamente e conquistam o sucesso. Os afobados fracassam, e os tranquilos alcançam o sucesso. É o que eu penso.

7. Não perca o espírito de humildade e gratidão

Durante a escalada do sucesso, as pessoas devem se lembrar da humildade.

Quando atinge o sucesso, o ser humano inconscientemente acaba ficando presunçoso. Começa a acreditar que atingiu o sucesso graças exclusivamente ao seu próprio esforço. Assim, vai ficando cada vez mais arrogante. Na verdade, essa é uma armadilha.

Não se deve esquecer de que se contou com a força invisível dos Espíritos Guardiões e dos Guias, além da ajuda de inumeráveis pessoas que captaram a transmissão.

Quando se esquece da gratidão, a vida que se destinava a ser bem-sucedida acaba caindo no fosso do fracasso e da decadência.

Há casos de vendedores que figuravam entre os melhores, mas acabaram fracassando devido à falta de humildade e gratidão.

O sucesso é, na verdade, resultado da colaboração de diversas pessoas na Terra e também dos espíritos celestiais.

Quando uma pessoa se torna egoísta e arrogante a ponto de achar que todos deveriam aprender com ela para serem bem-sucedidos, ela acaba se esquecendo das colaborações recebidas e do sentimento de gratidão. Assim, começa a achar que conquistou o mundo.

Os espíritos celestiais deixam de enviar luz e os seres humanos da Terra também vão se distanciando. Eles vão abandonando-a. É quando então se inicia o fracasso.

Portanto, é preciso ter muito cuidado nas primeiras etapas do sucesso. Não acredite exageradamente na sua força. Resgate o espírito inicial e agradeça a todos.

Quem conseguir ser humilde e grato, principalmente nos momentos de sucesso, certamente vai ser bem-sucedido e não fracassará. Assim, conquistará a autorrealização.

8. O ser humano tem o poder de realização do pensamento

Falei sobre o pensamento e a sua realização. Esse conceito vale para tudo. Vale não somente neste mundo, mas também no outro.

Mesmo no outro mundo, continuamos com a nossa devoção. Enquanto somos dedicados, surge também o desejo de evolução. Entretanto, a evolução não acontece somente com o desejo. Vivenciamos muitas experiências neste ínterim, entre elas fracassos e agonias.

No entanto, um mundo inesperado se abre quando temos um espírito imbatível e tenacidade.

Masaharu Taniguchi vive atualmente no mundo dos Nyorais (Arcanjos), mas isso não quer dizer que sempre esteve presunçosamente nesse mundo elevado. Fui, num passado infinitamente remoto, um ser humano normal.

Embora fosse um ser humano normal, eu me esforçava um pouco mais do que os outros em busca de evolução. Esse pequeno esforço a mais em busca da evolução é que proporcionou, ao longo de milhares ou dezenas de milhares de anos, uma evolução infinita e permitiu o meu ingresso no mundo dos Nyorais (Arcanjos).

Parece que eu estou me vangloriando, mas não se trata de presunção. Eu conheço muito bem o meu verdadeiro coração e também o que é a verdadeira autorrealização, como filho de Deus. Por isso consigo viver com confiança.

E esse é o diferencial em relação àqueles que fracassam após um início bem-sucedido.

Hoje, eu falei sobre a autorrealização. Em suma, a natureza do ser humano, filho de Deus, está justamente nesse ponto.

Dizem que "Deus deu o seu poder ao seu filho". E que poder seria esse, equivalente ao de Deus? Não se trata de ser perfeito e infalível. "Deus criou o mundo e o ser humano com o pensamento." Isso não significa que criou o ser humano perfeito e infalível.

A natureza do ser humano, evidentemente, é perfeita e infalível, contudo o ser humano não é perfeito. Ele é perfeito no sentido de que tem o poder de realizar os seus pensamentos. E por isso está próximo a Deus.

A natureza do filho de Deus é ter o poder de realizar os seus pensamentos. Nesse ponto, o ser humano é igual ao Deus onisciente e onipotente. Deus criou o mundo realizando o Seu pensamento. O ser humano também deve criar o seu mundo, realizando o seu pensamento. Essa força capaz de realizar o pensamento é o poder do ser humano, filho de Deus.

Portanto, o tema de hoje "A Natureza do Ser Humano, Filho de Deus" significa que vocês têm o poder de realizar os seus pensamentos. Eis a natureza do ser humano.

Ó povo da Terra, ouçam bem! O tema de vocês é "O que pensar sobre si mesmo e como realizar?" Essa é a maneira de manifestar a sua própria natureza como filhos de Deus.

A verdadeira imagem do ser humano e a verdadeira vida como filho de Deus é manifestar-se como filho de Deus. Gravem isso fundo em seus corações.

Assim, encerro o tema de hoje "A Natureza do Ser Humano, Filho de Deus".

Masaharu Taniguchi
(Japão, 1893-1985)

Fundador da Seicho-no-ie. Pregou a filosofia da Verdade da Vida. Sua encarnação passada foi como Plotino, filósofo romano.

Na juventude, Taniguchi ingressou na seita Oomotokyo. Posteriormente, passou a questionar os ensinamentos do fundador da seita sobre o Juízo Final e afastou-se da instituição.

Quando se Iluminou para o conceito do Monismo da Luz, graças às revelações espirituais de entidades superiores, despertou para a missão de fundar a sua própria religião. Em 1929, criou a revista mensal *Seicho-no-ie*. No ano seguinte, publicou a revista com recursos próprios e assim iniciou o movimento de iluminação mundial. Dois anos depois, publicou o livro psicografado A *Verdade da Vida*. Em 1935, fundou a Instituição Missionária Seicho-no-ie.

Seus fundamentos filosóficos são baseados na Iluminação do Monismo da Luz, cujo lema é "Na verdade, as trevas não existem". Foi pioneiro em introduzir no Japão as ideias do Novo Pensamento americano. Pregou também o conceito de que todas as religiões têm a mesma origem.